公開霊言

女優 樹木希林

ぶれない生き方と生涯現役の秘訣

大川隆法
Ryuho Okawa

まえがき

平成の大女優、樹木希林《ききききりん》さんが、去っていかれた。

あの絶妙《ぜつみょう》のうまみのある演技がもう観《み》られなくなるかと思うと少し淋《さみ》しい感じがする。十年ほど前の映画になるが、「東京タワー〜オカンとボクと、時々、オトン〜」で、田舎《いなか》から上京して、末期ガンで病院のベッドで絶命《ぜつめい》する母親役を演じた彼女をＤＶＤで観て、家内は「樹木希林！　演技がうますぎる!!」と思わず叫《さけ》んでいた。日本アカデミー賞で最優秀作品賞も、最優秀主演女優賞も頂いたのは当然でもあったろう。

全身に転移したガンと闘いながら、最期《さいご》まで名作をつむぎ続けた、その女優魂に生涯現役《しょうがいげんえき》の理想をかい間見るとともに、彼女の一本筋の通った信仰心あふれる生涯に、「有難《ありがと》う。よく頑張りましたね。」とほめてあげたいと思う。

二〇一八年　九月十九日

幸福《こうふく》の科学《かがく》グループ創始者兼総裁《そうししゃけんそうさい》　大川隆法《おおかわりゅうほう》

公開霊言　女優・樹木希林　目次

公開霊言《れいげん》 女優・樹木希林《ききりん》
――ぶれない生き方と生涯現役《しょうがいげんえき》の秘訣《ひけつ》――

二〇一八年九月十七日　収録
幸福の科学 特別説法堂《せっぽうどう》にて

3 ぶれない心 52

6 やっぱり、あの世はあったよ 112

7

樹木希林の過去世《かこぜ》　128

「霊言《れいげん》現象」とは、あの世の霊存在の言葉を語り下ろす現象のことをいう。これは高度な悟《さと》りを開いた者に特有のものであり、「霊媒《れいばい》現象」（トランス状態になって意識を失い、霊が一方的にしゃべる現象）とは異なる。

なお、「霊言」は、あくまでも霊人《れいじん》の意見であり、幸福の科学グループとしての見解と矛盾《むじゅん》する内容を含《ふく》む場合がある点、付記しておきたい。

公開霊言《れいげん》 女優・樹《き》木《き》希《き》林《りん》

――ぶれない生き方と生涯《しょうがい》現役《げんえき》の秘訣《ひけつ》――

二〇一八年九月十七日　収録

幸福の科学 特別説法堂《せっぽうどう》にて

樹木希林《ききききりん》（一九四三～二〇一八）

女優。東京都出身。一九六一年、文学座附属《ふぞく》演劇研究所で女優活動を始動。テレビドラマ「時間ですよ」「寺内貫太郎《てらうちかんたろう》一家」等に出演し、個性派女優として注目を集める。映画「東京タワー～オカンとボクと、時々、オトン～」「わが母の記」で日本アカデミー賞最優秀《さいゆうしゅう》主演女優賞を受賞。また、映画「あん」では、日本人初のアジア太平洋スクリーン・アワード女優賞受賞など、海外に至るまで数々の映画賞を受賞した。二〇〇八年に紫綬褒章《しじゅほうしょう》、一四年に旭日小綬章《きょくじつしょうじゅしょう》を受章。夫はロック歌手の内田裕也《うちだゆうや》、娘《むすめ》は女優の内田也哉子《ややこ》、娘婿《むすめむこ》は俳優の本木雅弘《もときまさひろ》。

質問者　武田亮《たけだりょう》（幸福の科学副理事長 兼《けん》 宗務《しゅうむ》本部長）
久保田暁《くぼたさとる》（幸福の科学常務理事 兼 宗務本部庶務《しょむ》局長 兼 財経局長）
大川紫央《おおかわしお》（幸福の科学総裁補佐《ほさ》）

［質問順。役職は収録時点のもの］

1　自然で人間味ある演技の秘密

非常にうまみのある演技をした生涯現役《しょうがいげんえき》女優

大川隆法　急のことで申し訳ありません。

本日は「敬老の日」です。今朝《けさ》の新聞に、大女優である樹木希林《ききききりん》さんが七十五歳《さい》で亡《な》くなったという記事が出ていたので、こちらに来られるかなとは思っていましたが、朝から昼ごろにかけて、ご本人の霊《れい》がチラチラとお見えになり、夕方の四時過ぎから三十分ほど話をしたのです。

そのとき、「今日は月曜日なので、当会の事務所は休みですし、霊言《れいげん》の収録をするなら、明日《あした》の火曜日でどうですか」とお伝えしてはみたものの、「まあ、この様子だと、一晩中お話ししなければいけないかなあ」と感じました。それに、せっかく向こう様から来てくださったことですし、やはり、お話を伺《うかが》うべきかと思い、これから収録をすることにしたわけです（午後五時四十五分開始）。

この方は、七十五歳になられても、いろいろな映画に次々と出るなど、現役《げんえき》で活躍《かつやく》されていたので、これほど急にお亡くなりになるとは思いませんでした。そういう意味では、本当に「生涯《しょうがい》現役」を貫《つらぬ》かれた方でもあります。

非常にうまみのある演技をなされる方であり、去年（二〇一七年）あたりから、「『どうすれば、そのような演技ができるようになるか』ということを、一度、守《しゅ》護霊《ごれい》霊言で伺おうかな」と思ってはいたのですけれども、まさか、ご本人のほうの霊言を頂けることになるとは思っていなかったのです。

なお、生前は渋谷《しぶや》近辺にお住まいだったようですけれども、葬儀《そうぎ》も南麻布《みなみあざぶ》でなされるとのことです。

若いころの出演作品については、私もあまり知らないので、どういう感じだったのかはよく分からないのですが、本名《ほんみょう》が別にあり、芸名も「樹木希林」となる前には、「悠木千帆《ゆうきちほ》」という名前で出ていた時期もあったようです。

また、時間を昔に戻《もど》して、なかなか面白《おもしろ》かったと思うものが、郷《ごう》ひろみとデュエットした「林檎《りんご》殺人事件」（一九七八年リリース）という歌です。この曲が大ヒットしたのですが、何だかすごくバランスを欠いたカップルの歌でもあったので、なぜ流行《はや》るのかはよく分かりませんでした。ただ、当時はとても流行っていたのを記憶《きおく》しています。

ある宗教の信者だった樹木希林

大川隆法　それから、樹木さんはある宗教の信者だったと思います。その宗教が小さいのか大きいのかはよく分からないのですが、そこの教団名から、「樹木希林」という芸名に改名されたようにも聞いています。

映画等の作品には晩年までずっと出続けていて、日本アカデミー賞の授賞式などには常連のように顔を出していました。

有名な出演作品が幾《いく》つかあります。二〇〇七年の映画「東京タワー～オカンとボクと、時々、オトン～」（松竹）で、主人公の母親役を演じ、日本アカデミー賞（二〇〇八年二月開催《かいさい》）で最優秀《さいゆうしゅう》主演女優賞を受賞しています。ちなみに、同年には紫綬褒章《しじゅほうしょう》の受章もしています。今から十年ぐらい前なので、六十五歳前後のことでしょうか。この褒章というのは、私の勤めていた会社の社長が、やはり六十代半《なか》ばの年齢《ねんれい》で頂いていたような気がします。つまり、一部上場の大企業《だいきぎょう》の社長がもらうような褒章に、文学座から始めて長く芸能活動をしてこられた樹木さんも、同じぐらいの年齢で辿《たど》り着いているわけです。その意味では、芸能界が別のルートでの出世コースであることはよく分かると思います。その後、さらに旭日小綬章《きょくじつしょうじゅしょう》（二〇一四年）ももらっていたと記憶しています。

それから、映画「わが母の記」（二〇一二年公開／松竹）では、日本アカデミー賞最優秀主演女優賞を受賞していますし、ほかにも幾つかの作品で賞を取っています。映画「悪人」（二〇一〇年公開／東宝）では、最優秀助演女優賞をもらっています。また、映画「歩いても 歩いても」（二〇〇八年公開／シネカノン）では、優秀助演女優賞となっています。

記憶《きおく》に残る映画「あん」

大川隆法　その他には、二〇一五年公開の映画「あん」（エレファントハウス）という作品が非常に記憶《きおく》に残っています。
ハンセン病、昔は癩病《らいびょう》といわれていた病気に罹《かか》ったことのある女性が療養所《りょうようじょ》から抜《ぬ》け出し、どら焼き屋にやって来て、「ここで手伝わせてくれないか」と頼《たの》むので、店長が引き受けるところから始まります。

実は、長年あんこづくりをしてきたというその人のあんこは、とてもうまいのです。彼女が店の奥《おく》であんづくりを手伝うようになると、大勢の客が集まり、すごく売れるようになりました。

しかし、そのうちに店が忙《いそが》しくなり、彼女が窓口のほうもちょっと手伝ったりしているうちに、手にいろいろとできものがあるのを見られ、「あれは、いわゆるハンセン病じゃないのか」といった噂《うわさ》が出始め、客が急に来なくなってしまいました。彼女はもとの施設《しせつ》に帰って、店には来なくなるのですが、その数カ月後に亡くなるという話です。

実際に、この病気は食べ物でうつったりはしない病気なのですが、人の偏見《へんけん》にはものすごいものがあるわけです。

「おできのようなものから病気がうつるのではないか」といった噂が広がれば、

やはり、食品業界では厳しいので、店に出られなくなるという話でしたが、とても印象的な映画だったと思います。

ちなみに、このときに共演したどら焼き屋の店長役の人（永瀬正敏《ながせまさとし》）が、映画「光」（二〇一七年公開／キノフィルムズ）で、目の不自由な写真家の役を演じていました。

それを観《み》て、私もインスピレーションを受け、幸福の科学では「心に寄り添《そ》う。」というドキュメンタリータッチの映画をつくったわけです（二〇一八年公開）。「宗教としては、やはり、こういう映画もあっていいのではないか」と思ってつくったので、その意味で、インスピレーションとしてはつながっているところもあります。

松坂桃李《まつざかとおり》と共演した映画「ツナグ」

大川隆法　それから、映画「ツナグ」（二〇一二年公開／東宝）では、主演の松《まつ》坂桃李《ざかとおり》さんの祖母の役でした。一家の職業として、霊界《れいかい》の人を呼び出し、夜が明けるまで話をさせることができるという能力を持っているのですが、それを受け継《つ》がせる古い銅鏡《どうきょう》のような鏡を使って、霊界との交信を演じていました。この作品も非常に宗教的な映画で、印象的なものではあったと思います。

映画「万引き家族」でカンヌ国際映画祭最高賞

大川隆法　最新の出演作である映画「万引き家族」（二〇一八年公開／ギャガ）は、フランスのカンヌ国際映画祭において、日本では二十数年ぶりの最高賞（パルム・ドール）を取りました。

この作品についての批評としては、よし悪《あ》し両方があると思うのですが、フランス人にしてみれば、家庭崩壊《ほうかい》というのは当たり前の状態かもしれません。あの国では、事実上の結婚《けっこん》状態にあっても、本当に結婚している人は十パーセント程度しかいないとも言われています。

この作品は、自分の子供でもない、いろいろといわくつきの他人《たにん》の子供が一軒《いっけん》の家に住みついて、万引きをしながら食べているという、非常に不思議な話ではありますが、ある意味で、ヴィクトル・ユーゴーの『ああ無情』か何かを感じさせるような作品でした。

この作品に対しては毀誉褒貶《きよほうへん》の両方があると思いますし、倫理《りんり》的な面において、宗教としては勧《すす》めているように見えてもいけないとは思います。作品の最後では全員逮捕《たいほ》されていましたし、やってはいけないということになっているのですが、フランスの人には共感するようなものがあるのかもしれません。実際に、他人の子が家のなかに大勢いるような状態になっているところもあるのではないでしょうか。

樹木さんの生前では、この作品で賞をもらったのが最後だと思います。

樹木希林は宗教的な一つの信条を持っていた

大川隆法　付け加えて言うべきは、数年前、全身ガンになったということを公表していたことです。全身ガンのままで、最期《さいご》まで生涯現役で仕事をなされたというのは、非常に偉《えら》いことなのではないかと思います。これは「晩年の法」としては大事なことでしょう。

七十五歳で亡くなるのは、女性としては少し早いかもしれません。ただ、実際の「健康年齢」、仕事のできる活動年齢としては、このあたりが限界であり、その後は病気をするなどして、なかなか仕事もできなくなる人も多いでしょう。そういう意味では、燃焼し尽《つ》くした人生だったのではないかと思います。

また、五年ほど前に、伊勢神宮《いせじんぐう》の式年遷宮《しきねんせんぐう》のときにも、伊勢参りをする番組をつくられていました。伊勢神宮には、そのときに初めて行かれたそうですが、伊勢神宮の神様の紹介《しょうかい》もなされました。おそらく、宗教的には一つの信条をお持ちの方ではないでしょうか。

幸福の科学も今、芸能プロダクションを二つ持って、映画などもつくっております。ただ、これはしかたがない面もあるのかとは思いますが、所属する俳優・歌手等が、宗教の信者、あるいは職員ということを理由に、映画もテレビも出にくくて、マスコミも取り扱《あつか》ってくれないという面では、みなさん、かなり不満感を持っているだろうと思うのです。

しかし、樹木希林さんは、年齢も十分あり、役者としての評価が固まっていたこともあるとは思うのですが、宗教をやっている私でもよく知らないし、教祖の名前も知らないような宗教の、ある意味での〝広告塔《とう》〟でもあったのだろうと思うのです。

それでも、いろいろと賞をもらっています。文部大臣の賞（芸術選奨《せんしょう》文部大臣賞）とか、天皇から頂く勲章《くんしょう》（旭日小綬章）ももらっているし、日本アカデミー賞などももらっているので、「その宗教をやっているから駄目《だめ》なんだ」という言い方もあるけれども、やはり、この生涯現役のプロの技《わざ》、仕事としての完成度というものは、いろいろな偏見を通り越《こ》して、突破《とっぱ》していけるものなのではないかと思います。

そういうところは、もう少し、当会の俳優等にも勉強していただきたいなと感じています。

日本を代表する大女優の、自然で温《あたた》かい人間味溢《あふ》れる演技

大川隆法　私も、そういうことは知っていても、樹木希林さんは、やはり、演技自体はうまいなと思うところがあります。自然でさりげなくて、とても、温《あたた》かみがあり、人間味があって、うまいなあという感じはしました。

まあ、向こうから来てくださっていますが、たぶん、当会に教えたいこと、言い置きたいことが何かあるのではないかと思います。

そのへんを、今日は、私どもも、かすかに芸能関係にも手を出している宗教として、何か貴重なアドバイス等を頂けたらと思っております。

「守護霊霊言」でなく、「本人霊言」になり、関係各位にどのくらい影響《えいきょう》が出るかはちょっと分かりませんが、教団としては、やはり、記録として録《と》っておきたいと思うものの一つです。

前置きは、以上とさせていただきます。

それでは、亡くなられたばかりかと思いますけれども、日本を代表する大女優、樹木希林さんの霊をお呼びいたしまして、幸福の科学にて霊言を頂きたいと思います。

よろしくお願い申し上げます。

（約五秒間の沈黙《ちんもく》）

2
生涯現役《しょうがいげんえき》って、いい言葉

「来てしまいました。ごめんなさいねぇ」

樹木希林　まあ、来てしまいました。ごめんなさいねぇ、迷惑《めいわく》かけて。

武田　いえいえ。

樹木希林　ごめんなさいねぇ、何か……。

武田　こんにちは。

樹木希林　何にも、面識もないしねぇ。おたく様の映画に出してもらったわけでもないのにねえ。厚かましいなあ。七十五にもなると、厚かましくってもう。平気で来るからねぇ。

武田　（笑）

樹木希林　やだねぇ、じいさん、ばあさんっていうのは、もう。

武田　いえいえ。

樹木希林　（今日は）敬老の日だからねえ。

武田　そうですね。

樹木希林　もしかしたら優《やさ》しくしてくれるかなあと思って、来てしもうた。

武田　はい。

樹木希林　三十分ぐらい粘《ねば》ったら、隆法先生が、「ああ、もう負けた。根負《こんま》けした」っていうことで。

武田　（笑）

樹木希林　なんか、(霊言《れいげん》を)出してくれるということで、緊急《きんきゅう》で、夕方から録《と》っていただいて、ありがとうございます。

もうみなさん、お休みのところを出ていただいて、ほんとに、すいませんねぇ。

武田　いえ、とんでもございません。

樹木希林　なんか、私の葬式《そうしき》をやらせているみたいで、まことに申し訳ないねえ、関係ないのにね。

武田　念のため、確認させていただきますが、樹木希林様でいらっしゃいますか?

樹木希林　ええ、そのように呼ばれておりますよ。

幸福の科学を評判のいい宗教だと思っていた

武田　こうしてお話ができますことを、非常に光栄に思います。

樹木希林　私も光栄ですよ。幸福の科学様は、たいへんご立派な団体だし、大川隆法先生ってのは、もう、それはもう、飛ぶ鳥をも落とす勢いの方で、ほんとに、「一生に一回お会いできたら、どんなに光栄だろう」と思うとったが、「ばばあが年を取りすぎて、残念だなあ」と。「もうちょっと若い、きれいな女優だったら、あるいは近づけるチャンスは一回ぐらいあったんではないか」と。

七十五じゃ、もう、寄っていったら、嫌《きら》われて石を投げられるかもしらんし。

武田　（笑）

樹木希林　石をぶつけられるかもしれんし、みなさんがたが嫌《いや》がると思って、近くにはいたんですけど、ウロウロと近くにはいたんだけど、来れなくてねぇ。

武田　幸福の科学や大川総裁について、どの程度ご存じでいらっしゃったのでしょうか。

樹木希林　それは、すごい素晴《すば》らしい宗教ですよ。それは分かりますよ、七十五にもなったら。

武田　そうですか。

樹木希林　違《ちが》いはねえ、もう、それはすごい。もう、戦後最高ですよ。

武田　ほほう。

樹木希林　もう最高の宗教ですよ。

武田　当会の教えなども、ご存じですか。

樹木希林　もう、それは、それは。全部とは言いませんが、まあ、読めるものは読んだり、見たり、聞いたり、いろいろして、「素晴らしい、評判のいい宗教だなあ」と思っていました。

武田　なるほど。

樹木希林　私も若かったら、ぜひ、門をくぐりたかったなあ。

武田　そうでしたか。

樹木希林　うん。

「（自分は霊《れい》になったと）分かっていますよ」

武田　今、お亡《な》くなりになってから、まだ三日はたっていなくて、二日とちょっとなんですけれども、宗教や、当会のこともご存じでいらっしゃったということなので……。

樹木希林　それは大事な宗教ですからねえ。

武田　お亡くなりになって、「今、自分は霊《れい》である」というご認識は……。

樹木希林　それは分かっていますよ。

武田　分かっていますか。

樹木希林　それは分かってますよ。

武田　なるほど。

樹木希林　私も年を取ってから、もうほんと、五十、六十からあとは、ほとんど、あの世のことしか考えていなかったからね。

ガンになってから、いつも最後の作品と思って……

樹木希林　「いつあの世へ還《かえ》るか」と思いながら演技しとって、最晩年は、ほとんどもう、「いつお呼びがかかるか」ばっかり考えていたから。「今年で最後かな」と、毎年思いながら、最後の作品と思って、いつも出ていたんです。「最後の作品だ」と思って出ていたら、何か賞をもらったりしてね。

武田　はい。

樹木希林　まことにありがたいんですけどねえ。すいませんねぇ、もう。若い人にあげたかったのにねぇ。

武田　十数年前に、ガンになられて……。

樹木希林　ああ、そうなんですよ。長いんですよ。だから、普通《ふつう》は、それで終わりなんですけどね。終わりなんだけど、神様のおかげさまをもってねえ、十何年も前からガンなのに、仕事が、つい最近までやれたんですよねえ。

武田　そうですね。

樹木希林　まあ、ガンの人なんか使わなくてもいいんだけど、病人役以外は使えないんだけど、普通のおばあちゃん役で、何度も何度も使ってくださってねえ。

武田　はい。

樹木希林　ありがたい。みんなの引き立て役に使いやすかったっていうことだと思うんですけどね。

生涯現役《しょうがいげんえき》につながった「ありがとうございます」の心

武田　冒頭《ぼうとう》に、大川総裁からもご紹介《しょうかい》がありましたが、七十五歳《さい》まで生涯現役《しょうがいげんえき》で……。

樹木希林　ああ、それはそう。

武田　最近までお仕事をされていたと伺《うかが》っています。

樹木希林　ありがとうございます。もうほんとに。なんで私、こんなところに出る権利があるんでしょうねえ。

武田　（笑）

樹木希林　何か、寄付でもしてりゃあねぇ。死ぬ前に、貯《た》めた財産をちょっと寄付でもしてりゃあ、ヒョイッと来れるけどね。出してもらうのに、やっぱり一千万ぐらいは積まないといけないんじゃないですか、ほんとはね。

武田　いえいえ。樹木希林さんの生き方のなかに、学ばせていただきたいところがたくさんあるのではないかと思っています。

樹木希林　ああ、ありがとうございます。あんたもええ人だ。善人だわ。ほんとに善人だ。

武田　いえいえ（笑）。

まず、生涯現役で、最期《さいご》まで、女優という今世《こんぜ》の使命を果たすことができた秘《ひ》訣《けつ》といいますか、どのようなお気持ちでお仕事をされていたのかについて教えてください。

樹木希林　私のような、もう下々《しもじも》の者には、よう分からんのですけども、神様っていう方はいらっしゃるんだろうと思うんでねぇ。

武田　はい。

樹木希林　神様のために、ちょっとでもお役に立ちたいなあと、もう毎日毎日、そればっかり思うてました。

だから、神様に何かをもらおうなんて思っちゃいけないんだって、神様のために、お役に立たなきゃいけないんだって、老骨に鞭《むち》打って、やったし。ガンに罹《かか》ってもねえ、神様を恨《うら》むんじゃなくて、「ガンになっても仕事をさせてくれる神様、ありがとうございます」っていう気持ちでね、ずっとやっていたんですよ。

武田　そうですか。

樹木希林　そしたら、十何年も働かせてくれて、（ガンが）全身に転移してもねえ、それでもまだ現役で出られて、賞をもらえたりして、こんな幸福な人生はないねえ。

武田　なるほど。

樹木希林　ありがたいことだ、本当に。

「生涯現役《しょうがいげんえき》って、いい言葉だねぇ」

武田　日本では三人に一人がガンで亡くなるとも言われております。

樹木希林　そうねえ。

武田　ガンであることを告知されると、それを受け止めるのが非常に難しいと思うのですけれども、樹木希林さんは、どのように受け止め、乗り越《こ》えていかれたのでしょうか。

樹木希林　まあ、三分の一はガンで死ぬからねえ。

武田　はい。

樹木希林　自分がその三分の一に入って、病気になったということは、それはしょうがないことだと思ったので。寿命《じゅみょう》は自分では決められんからねぇ。まあ、やれるところまで……、ほんと、生涯現役《しょうがいげんえき》って、いい言葉だねぇ。

武田　はい。

樹木希林　「年を取っても、自分の生活費を自分で稼《かせ》げる」っていうのは、とってもありがたいことでねえ。

ほんとねえ、七十四も五もなって使ってもらえるって、ありがたいことですよ。

（武田に）あなた様は若いから、まだ三十年ぐらいはおありなんでしょうか。

武田　そうですね、はい。

樹木希林　「三十年後も仕事がある」っていうのは、すっごいありがたいことで、神様に手を合わさないと、もう生きてられません。「ありがとうございます」って、そういう気持ちを持っていたら、いろんな方が声をかけてくださって、使ってくださるんですよ。

武田　なるほど。

「美人に生まれなくて、よかったあ」

樹木希林　だからねえ、私はほかの女優さんみたいに、美人女優でもないし、グラマー女優でもないからねえ。ほんとに、周りを、何て言うか、よく見せるためだけに出てるような女優なんで、（この年齢《ねんれい》まで）いられたけど。

美人だと、原節子《はらせつこ》さんみたいに四十何歳かで引退して、もう出ないっていう。ねえ？ 九十五歳まで生きてねえ、五十年も出ないって。美人にこだわればそうなるけど、（私は）美人にこだわってないから出られたので、私のほうが幸福かなあっていうふうな気持ちはある。やっぱり、七十五まで仕事ができたほうが、四十で仕事がなくなるより幸福だよ。

美人に生まれなくて、よかったたあ。

武田　（笑）

樹木希林　ほんとにうれしい。うんうん。

武田　なかなか、そのように思うことは難しいのではないでしょうか。

樹木希林　ああ、そうですか？

3　ぶれない心

悪いことや後悔《こうかい》することがあったら、どうするか

武田　特に、芸能界は非常に競争が激しくて、負けないように自分というものを強く押《お》し出していかなければいけない世界ではないかと思います。おっしゃったようなご心境に至るのは、簡単ではないと思うのですが、いかがでしょうか。

樹木希林　うーん。これでも、年を取ってるから、ちょっと控《ひか》えめな言い方をしているかもしれませんけど、もうちょっと若いころはね、いろいろ人とぶつかることもあったし、夫ともぶつかって、喧嘩《けんか》するようなこともあって、そんなにい

いお母さんとか、奥《おく》さんであったわけではないんでねぇ。やっぱり、芸能界の人間特有の難しいところはあったんですよ。

だけどねえ、悪いことがあっても、やっぱり、それをできるだけ自分の、何て言うか、「薬にしなくちゃいけないな」と、いつも思っていたんでねぇ。

武田　はい。

樹木希林　みんながみんな、理解はしてくれないから、どのくらいの方が理解してくれるかは分からないけれども、自分を理解してくれる人のために汗《あせ》を流したいなと思ってねえ。まあ、理解してくれない方も、一部はいらっしゃると思う。これはしかたがない。

武田　はい。

樹木希林　人に嫌《きら》われる場合は、それはしかたがない。人生で、百人が百人、好かれるということはありえない。

武田　うーん。

樹木希林　だから、絶対、嫌われる人も出るしねえ、喧嘩になる場合もあるし、どうしても、自分の我《が》を通してしまったように見えることもあるし、後悔《こうかい》することは、いっぱい、いっぱい、いっぱい、いっぱいあります。

武田　うーん。

樹木希林　だけど、それで心を真っ黒にしちゃいけないんでねえ。やっぱり、後悔することがあっても、前向きでねえ、前向きに、「少しでも世の中のお役に立てばいいなあ」と思って、ほんとに、そんな気持ちで生きてきました。

武田　なるほど。ありがとうございます。

長く活躍《かつやく》するための心――草鞋《わらじ》で東海道を旅するように

久保田　ありがとうございます。樹木希林さんは、昔、コマーシャルで……。

樹木希林　ああ、コマーシャル（笑）。

久保田　はい、カメラのフィルムの……。

樹木希林　（笑）ああ、あれ、あれね。

久保田　あのコマーシャルで、お正月になると、「（樹木希林さんは）お正月の顔」というように思っていました。

樹木希林　フフ（笑）。はい、ありがとうございます。（私は）〝福笑い〟ですからねえ。〝人間福笑い〟だから、正月なんですね。

久保田　コミカルなところなど、本当に、日本を明るくするような方だなと思っていたんです。

それで、一つお伺《うかが》いしたいのが、若いころ、小林亜星《こばやしあせい》さんが主演のドラマ（「寺内貫太郎《てらうちかんたろう》一家」〔一九七四年、TBS系列で放送〕）のなかで、三十歳《さい》ぐらいでおばあさん役をされていまして……。

樹木希林　三十歳？　私の、そんな三十歳を知ってらっしゃるの？

久保田　ええ。つい先日も、DVDなどを観《み》ていまして、本当に、コミカルで面白《おもしろ》くて、すごかったんですが……。

樹木希林　ああ、それは申し訳ないです。また古いやつを……。もう、すみません。

久保田　いえ。若いころから、通常では考えられないような老《ふ》け役をされたりしていたわけですが、そのときは、どのようなお気持ちだったのでしょうか。

樹木希林　いや、いろんなものに出たからねぇ。いろいろ意見はあるから、ちょっと……。まあ、劇団とかにいて、勉強していて、本当に、普通《ふつう》のね、数多くいる一人で、みんな、そんなに大して、私を大きく見てなかったと思いますよ。だから、認められたのは長く演《や》ったからだけで。やっぱり、「六十を過ぎても、まだ出られる」っていうのはすごいことですからねぇ。そのあたりから、注目を集めて。

若いころは、もう、きれいな人はいっぱいいるし、歌のうまい人はいっぱいいるし、モデルさんみたいな人がいっぱいいるし、「私なんか、もう、どこに出られるんだろう」、画面の隙間《すきま》を探して、「どこに出してもらおうかなあ」とか思うぐらいのレベルだったので。

ちょっとでも「面白い」と思ってくれるとかね、人がちょっと嫌《いや》がるような役みたいなものに出てみたり、それを、少し普通の人じゃないような描《えが》き方でコミカルに演ったり、いろいろな人間味を出したり、ちょっとした人情みたいなものを出したりねえ、いろいろしましたけどねぇ。

だけど、うーん……、いろいろ長く演ったから、もう、いろいろです。

だから、一年前だったら、それでも、きっといい役……、まあ、おばあちゃんの役が多くなったけど、もし、「殺人鬼《さつじんき》の役を演れ」と言われたら、ねえ？　おたくで、『山姥《やまんば》の宿』の主演をお願いします」と言われたら、やっぱり、包丁《ほうちょう》を持ってきて殺すぐらい演ってみせるかもしれませんね。「ワウワウワウワウワー」って。

それは、役者魂《だましい》だから、いい人ばっかり演ってないから、悪い役だって演ったかもしれませんねぇ。

だから、何を観られたかは分かりませんけども、とにかくねえ、「長くいる」ってことはすごいことなんですよ。芸能界でも長くね。競争が激しいでしょ？ もう、出入《でい》りが。出ては消え、出ては消え。

私なんかより、ずうっと、もう、人気のあった人や才能のあった人、外見のいい人、写真写りを見たら、もうイチコロで判定がつくような人、台詞《せりふ》を読ませてもうまい人は、いっぱいいいた。

いっぱいいいたけど、みんな、もう入れ替《か》わり立ち替わり、替わって。だから、「こんなにやれた」っていうことは、すごいことで。

これは、みなさんがたにも同じことだから、言っておきたい。宗教だってね、「ちょっとだけ、一年とか二年とか三年とか活躍《かつやく》したから、それでいい」なんて思ったら駄目《だめ》ですよ。やっぱりねえ、もう、死ぬときまで評価は続くので、そこまで、ずっともって、みなさんから支持を受けたら、それは素晴《すば》らしいことだよ。あんまり早く、ちょっとだけ目立って消える。普通の芸能界みたいな感じだったら、一年で消えちゃいますからね。一年か二年で消える。これは駄目なんですよね。

だから、そのときの成功が大きけりゃ大きいほど、消えるのは早いんですよねえ。すっごい世界中に広がったように見えたら、あっという間にシューッと消えて、「あれっ？　あんな人いたかなあ」みたいな。すぐそうなるでしょう？

だから、ここ、難しいのよねえ。だからねえ、自己発揮はしなきゃいけないけど、でも、草鞋《わらじ》を履《は》いて、東海道を旅してるような気持ちは持ってないと。「新幹線や飛行機で行って帰ってしてる」と思ったら、間違《まちが》いが起きますね。

ああ、三十歳の私だったら、それはみんなの前に現れてみたい。（大川紫央に）

三十歳だったら、奥様とお話をしても、何とか、もつかもしれない。ねえ？

「あなたの持ってるガン、こっち来い」と思って演技していた

大川紫央　私としては、「もう少し、樹木希林さんを拝見させていただきたかったな」という気持ちもあるんですけれども。

樹木希林　ありがとうございます。

大川紫央　生前から、大川隆法総裁も、樹木希林さんの演技を観られていて、「やはり、さすがだな」ということを何度もおっしゃっていました。

「日本で最も演技がうまい女優さんは、樹木希林さんだ」と私は思っているんです。

樹木希林　ありがとうございます。あなたは、仏様と……、違う、違う、違う。仏様じゃなくて、女神様《めがみ》です。

大川紫央　いえ、いえ。とんでもないです。どうして、あんなに自然な演技ができるのかということを、以前から、お伺いしてみたかったんですけれども。

樹木希林　（ため息をつく）はあーっ。

大川紫央　演技をしているということを感じさせない、自然な演技になっていて、やはり、「ほかの女優さんは、まだ、そこまで行っていない。そこまでの演技力を持っている方は、樹木希林さんしかいらっしゃらないのではないか」と個人的には思っていました。

樹木希林　うーん……。何かねえ、最近、「千《せん》の眼《め》がある」とかいう方も出てきていらっしゃるから。体全体に、カメラみたいに眼が千個もあったら、周りの人を、みんな見ながら演技ができて、便利だろうなと思うけど。

私には千の眼はないんだけど、ガンが千個ぐらい、体の周りを取り巻いてるので、ガン細胞《さいぼう》がみんな、イキイキと活躍してくれて。ガン細胞が、あちこち、いろいろな世界を見て、「あら、おたくさんもガンですか」とか、「ああ、おたくさんも苦しいんですか」とか、いろいろな人をね、私の全身のガン細胞が、千眼美《せんげんよし》子《こ》さんみたいに見てるわけ。

だから、私のガン細胞のおかげで、世の中の苦しんでいる人たちが……。私は、何と言うかなあ、「私の演技を観て、ちょっとでも観る人の苦しみを和《やわ》らげたいなあ」とか、「あなたの持ってるガン、こっち来い」っていう感じのつもりを、いつも持ってたんですよ。「私の演技を観てくれたら、病気は私のところに、みんな来い。みんな来い。みんな来い。吸い込《こ》んでやる。みんな来い」っていうようなねえ、頭陀袋《ずだぶくろ》みたいな女優を目指してたんですよ。

だから、千の眼は私にはないけど、千のガンはあったので。「体の一部、臓器の一部じゃなくて、全身に転移した」と聞いたときは、それは、うれしくてうれしくて。もう死ぬのは確実ですけど、確実に死にますので、いつ死ぬかだけの問題だけど、それまで、みんな、世の中のほかの人のところへ行って、ガンも生きていかなきゃいけない。

ガン細胞も生きてるんだろうけど、たぶん、ガンさんも、誰《だれ》かのところに棲《す》みついて、栄養を吸って、その人を殺すのを仕事にしてるんだと思うので。「私のところに、たくさん、ガンが来てくれたら、ほかの人のところへ行かんで済むから、一個でも多く、こっち来い」って、いつも思うとったんです。

だから、全身ガンでも、それでも、仕事はねえ、（映画「神宮希林《じんぐうきりん》　わたしの神様」のパンフレットを見ながら）こんなにピンとしてやってるしねぇ。ピンとしてやってるから、画面にはガンは映らない。ありがたいなあと思う。これが女優冥利《みょうり》でね。

きっと、私もタヌキかキツネだろうけどねぇ、根元《ねもと》は。きっと、そんなもんだろうと思うけど、「それを、そうは見えないように演れる」っていうことで、病気、病床《びょうしょう》で苦しんでたり、職業を失ったり、晩年、嘆《なげ》いておられる人たちに、何か勇気を与《あた》えられたらいいなあと思って。もう、一日中、そんなことばっかり考えてました、いつも。

もらいすぎで、「スプーン一杯《ぱい》分のお返しができるかどうか」

大川紫央　そういう思いが、樹木希林さんの演技を観ている人に、自然な感情を抱《いだ》かせたり、「とても優《やさ》しくて、奥が深く、感情がこもっているな」と思わせたりしたんですね。

樹木希林　だって、優しくならざるをえないじゃないですか。
　私みたいな、ほとんど取り柄《え》もない平凡《へいぼん》な女性が、もう、（日本）アカデミー賞を頂いたり、紫綬褒章《しじゅほうしょう》だ、旭日小綬章《きょくじつしょうじゅしょう》だ何だ、私もよく分かんない、何かこんなものを頂いたりしてるのは、ありえないようなことでございますので。
　だから、もう、「もらって、もらって、もらいすぎの人生」だったので。もう、ちょっとだけ、本当にねえ、映画を観たって、スプーン一杯《ぱい》分のお返しができるかどうかぐらいの感じなので。あるいは、みなさんがコーヒーを飲まれるときの砂糖の一粒《ひとつぶ》ぐらい、人生が甘《あま》くなるぐらいしか役に立ってないんじゃないかなと思うんですけど。

それでもねえ、お役に立ちたいっていう気持ちだけは、ずーっとずーっと消えることはなかったので。こんな平凡で、役立たずというかねえ、もう期待もされなかったのに、長く長く置いていただいて、本当にありがとうございました。

それで、幸福の科学さんみたいなね、直接に、私は玄関《げんかん》から入ってこられなかったし、ご挨拶《あいさつ》したわけでも、献金《けんきん》したわけでも、何でもないのに、こんな、死んでまもない老婆《ろうば》の幽霊《ゆうれい》を出してくださるなんて、何ていう情け深い教団があるんだ、世の中には。

また、「霊言《れいげん》」という、何という便利な表現形態があるんだろう。もう、感謝しかないですよ、奥様。奥様、仲良くしてください。

「今、（私）〝幽霊《ゆうれい》〟なんでしょうね、きっとね」

大川紫央　（笑）大川隆法総裁のところには、亡《な》くなった直後の方で、一般的《いっぱん》には、「幽霊《ゆうれい》」といわれるような……。

樹木希林　ええ、ええ。今、（私）〝幽霊〟なんでしょうね、きっとね。

大川紫央　そうですね。

樹木希林　いや、これから葬儀《そうぎ》を近所でするんでしょうけどね。

大川紫央　はい。あの世に移行されると思うのですが、そういう方も訪《おとず》れてこられて、私も、場合によっては、ときどき少し怖《こわ》いなと思うときもあるんですけれども。

樹木希林　どっちが怖いの？　幽霊が怖いの、あなたが怖いの？　どっち？

大川紫央　幽霊（笑）。

樹木希林　あっ、幽霊のほうが怖いの。ああ、分かりました。

大川紫央　（笑）ところが、樹木希林さんの場合は、朝から、大川総裁も、「（樹木希林さんが）来られてはいるかな」とおっしゃっていたのですが、全然怖くなかったんですよね。

樹木希林　私、怖かったよ。

大川紫央　（笑）

樹木希林　あのね、「樹木希林（の霊）が来るぞ」ということでねえ、何か怖がらせてやろうって、（大川先生と）「ザ・プレデター」（二〇一八年九月十四日公開／20世紀フォックス）という映画を観に行ったでしょう？　私が憑《つ》いてられないように。「あれは、とても耐《た》えられまいて」って言って。

大川紫央　あれは、怖かったですね。

樹木希林　もう、宇宙人が来て、ワアアアアッと攻撃《こうげき》して、追いまくって、ねえ？　殺しまくって、撃《う》ちまくるから。これは、とてもいられないだろうと思って。あれは、波長《はちょう》を合わせないように行かれたでしょ？

大川紫央　いいえ、もともと、まあ、あの……（笑）。

樹木希林　へへへへー（笑）。

大川紫央　（笑）映画を観なきゃいけないなということはあったんですけれども。

樹木希林　樹木希林と両立するわけないもんねー。

大川紫央　まあ、そうですね（笑）。

樹木希林　フフ（笑）、とてもね。似たような映画でも観に行ったら、スパッと来ちゃうもんね。

大川紫央　ええ。

大川総裁のところに来た理由

大川紫央　そういう樹木希林さんが、今回、霊言をしに来てくださった理由というか、メッセージはございますか。

樹木希林　うん。でも、去年か、もっと前ぐらいから、大川大先生は、何か、私の守護霊《しゅごれい》霊言を考えておられるような〝あれ〟は、守護霊さんは聞いていたみたいなので。いつ呼ばれるかなあと思ってはいたんですけど。

「若い人のほうが、やっぱり、いいのかなあ」とか思って、見てて。まあ、年寄りはあんまり出ないもんね、見ててね。やっぱり、若い人のほうが……。年寄りは、どうせ若い人は知らないからね、出してもねぇ。

だから、私の霊言なんか出すよりは、女子会じゃないけど、若い子の歌って踊《おど》っての人のねえ、「センター」とかやってる人なんかを出したら、そら、本もよく売れるだろうね。きっと、そうなんだろうけど。

でも、宗教だから、お年寄りもいっぱいいらっしゃるから、「樹木希林かあ。若いころに憧《あこが》れた」っていう人はいるかなあ？

まあ、八十から九十ぐらいの人だったら、もしかしたら、いるかもしらんから、そういう人たちが読む本が、もしかしたら、ないかもしれないし、観るビデオが、もしかしたら、ないかもしれない。

敬老の日に録《と》れるビデオがねえ、若い人なんか出してたら、そらあ、やっぱりいけませんよ。やっぱりねえ、「乃木坂《のぎざか》」だとか、「欅坂《けやきざか》」だとか、〝センター〟だとか、そんなような人を出して、敬老の日なんかに、そんなの録ったら、もう、年寄りたちがプリッとすることもあるかもしれないからね。彼ら（若い人）はまだ、これから出られるんで、いっぱいねえ。

安室《あむろ》（奈美恵《なみえ》）さんもね、引退なされたけどね、若いよ。「四十（歳）で引退」ってないでしょう？　もうちょっと、規模を小さくしてやったらいいのにね、無理しないでね。

ドームみたいなところで走り回って、二時間歌うのは、それはきついよ。それは、できないことだからね。

だから、小さくやったらいいのよ。「縮小しまーす！」っていうことで。「そういう段階になりましたんで、若い人たちに主座を譲《ゆず》って、自分は、歌は好きだから、好まれる人の前で、もうちょっと、体力的にはきつくないかたちで、年に何回かぐらいは、やっていきたいな」と。まあ、そんなね、大きく言わずに、「千人、二千人ぐらいでもいいから、やれたらいいな」って思ったらいいと思うんだけどね。

でも、きっと、一、二年したら、何かしたくなると思うけどね（笑）。そんな世界ですから。

樹木希林の「ぶれない生き方」はどこから

大川紫央　確か、「人生の後半においては、マネージャーもつけずに、仕事の依《い》頼《らい》などは、全部、自宅のほうに、ファクスや電話で取れるようになっている。衣《い》装《しょう》係やメイクさんもおらず、衣装は自分ですべて着てきて、やっている」というような話をされているのを拝見したことがあるのですが、そうした、樹木希林さんの「ぶれない生き方」には、ある意味で、みんな、けっこう憧《あこが》れているというか、かっこいいなと思っている方は多いと思うんです。

そのように、芸能界のなかにあって、ぶれずに生きるには、どうすればよいのでしょうか。

樹木希林　だって、きれいな服を着たって、しょうがないじゃん（笑）。

大川紫央　（笑）

樹木希林　（笑）おばあちゃんの役に出るんだから、おばあちゃんは、おばあちゃんらしいのがいいので。

若返るメイクが必要なら、メイクして、そらあ、若い服を着なきゃいけないけど、おばあちゃんの役が多いから、手持ちのやつで十分やれるし。吉永小百合《よしながさゆり》さんタイプじゃありませんからね。あちらは若く見られたいだろうけど、私は別にそういう役じゃないので。

若い人は、きれいな服を着たらいいよ。私らなんか、もう、それは何でもいいし、それから、「マネージャーがどうのこうの」って、そんな、あんまり、いろいろな人にお世話にならなきゃいけないほどのねえ、大女優でないので。お仕事が、そんなにね、大勢の人を食べさせていけるような仕事でないんで。

もう、十何年前から、「今年、死ぬかなあ」と、いつも思いながら演ってたから。そんな、「ほかの人が、私を頼《たよ》りにして生計を立ててる」っていうような仕事だったら、すごい責任感がかかりますからね。「今年、死ぬかもよ」っていうのに、アルバイトならともかく、ずーっとついてるような人が、あんまりいすぎちゃいけないので。

だから、そういう軽武装っていうか、軽微《けいび》な服装っていうか、人生は身軽に生きないといけないんで。

まあ、「女優の本質」は、きれいであることよりは、何か人間らしさみたいなものを上手に描ければいいんじゃないかなあと。

きれいな方はきれいな方で、若い人にはいっぱいいるから。それは、そういう役がきっと来るから、演ったらいいんで。私には、もうできない役だから。「人間性の深みを出していく」っていうことは、毎年毎年、年輪を重ねていけばできることだからね。

普通《ふつう》のことを普通に

樹木希林　あと、まだデビューしてまもない方々のサポートをよくして、彼らの演技がうまく見えるように、上手に支えてあげなきゃいけないなあと。母親の気持ちというか、おばあちゃんの老婆心《ろうばしん》でね、支えてやらなきゃいけないなあという、そんな感じですかねぇ。うーん……。

だから、普通《ふつう》のことを普通に、当たり前のことを当たり前に、ただ根気よくコツコツとやっていったんで。

こういう考え方を、大川隆法大先生は分かってくださる方なんで。だから、優しいなあとは思っていますよ。若い人にも焦点《しょうてん》を当てておられますけど、でも、ばばが長くやったことにも、「すごいな」って見てくださるんで。ありがたいなあと思います。

そう見てくれないと、やっぱりねえ、神様っぽくないですもんね。「若い人だけ、若いときだけ脚光《きゃっこう》、あとは地獄《じごく》」みたいなんではかわいそうだからねぇ。

だから、私みたいに、何て言うか、普通に生きていける芸能人になれるといいですね。七十過ぎて、もう変装のしようもない顔になってしまって、それでも「女優です」って言えるっていうのは、うれしいことではないですか。ね？　美人でなくてよかった。ほんと助かる。

4　役者の七つ道具

芸能界での長生きの秘訣《ひけつ》は、人を騙《だま》す演技じゃなくて……

武田　長く第一線で活躍《かつやく》し続けるには、やはり、「変身」というものが求められるのではないかと思います。

樹木希林さんは、二十代から七十五歳で亡《な》くなるまで生涯現役《しょうがいげんえき》だったわけですが、変身していくためにお持ちになっていた心とは、どのような心だったと思われますでしょうか。

樹木希林　うーん……、まあ、文学座の研究所から、文学座あがりでいろいろ演《や》ってきたんですけど……。みんなねえ、劇とかドラマとか映画とかは、何かほかの人に変身して、「化《ば》かす」と言やあ言葉が悪いけど、ある意味で……、まあ、いい意味かもしれないけれども、いい意味で人をうまく騙《だま》して、その人のように思い込《こ》ませるっていうのを、一生懸命《いっしょうけんめい》、努力なされてるんですね、ほとんどの人は。

まあ、私も最初はそんなふうな考えは持ってましたけどね。「何かほかの、その役に化けて演じたら、やっぱり、いいんじゃないか」と、ずっと思って。そう思ってる人は今も多いと思うし、実際そうでないと、監督《かんとく》からはそういうふうに要求されるからね。

でも、年を取ってくると、監督もだんだん要求しなくなってくるので、「樹木希林のままでいい」と言う。私が演れるような役しか声がかからないから、まあ、そういうことなんですけど（笑）。「そのまんまでいい」という、自然に入れるようなおばあちゃん役で、そういう役が来るようになったから、演る必要がなくなったこともあるんだけど。

何か、積極的に人を騙して、そういうふうに思わせようという気持ちで演ってる俳優さんとね……。まあ、最初はそうでも、次第《しだい》しだいに自分自身の心のなかにある本当の姿を表せて、「その役で味が出せたらいいな」「出汁《だし》が出せたらいいな」みたいな、こういう気持ちってあるんですよ。

そういうふうに、だんだんだんだん経験を重ねていくうちに、地《じ》で演って、ちゃんと演じられる人間になっていくことが、芸能界での長生きの秘訣《ひけつ》かと思うんですよ。

そんなに長く騙せない。極端《きょくたん》な役を演って騙しても、次の役がすごく難しくなってくるんで。

「自分のなかにないものは、基本的には演じられない」

樹木希林　樹木希林の心のなかに、いろんな道具箱があるけど、ちゃんと、自分が持ってる「七つ道具」を使って、これで演れていかなきゃいけないので。

だから、自分の心のなかにない役は、本当はできないんですよ。

やっぱり、心のなかで、「そういう役割が自分に回ってくることもありえるな」っていうかな、「そういう立場のお母さんだとか、そういう立場のおばあちゃんだとか、そういう立場の娘《むすめ》だとか、仕事だとか、ありえる。生まれ変わったら、そんなこともあるかもしらんなあ」という気持ちが心のなかにあって、「だったら、自分ならどうするかな」っていう気持ちで演るわけなんですよね。

そうすると、「自然だ」と言われたり、「さりげなさ」みたいなのをほめてもらえるようになっていきましたねえ。

若い人は、ほかの人を（自分とは）違《ちが》うように見せようと思って、一生懸命、努力してると思うんだけど、やっぱり、「自分のなかにないものは、基本的には演じられないものだ」と思ったほうがいい。

役者人生は、この世のすべての人生を演じる気持ちで

樹木希林　若い人の場合、それが少なくてね、自分の人生経験だけから演じると、一通りしかできない。

ボクシングをやった人が、ボクサーの役でしか出られないっていうんだと、とても食べていけなくなるからね。ボクサーの役をした人が、ほかの役もできなきゃいけないけど、そのほかの役を演るときに、やっぱり、「役者の心」が自分のなかに宿ってなきゃいけないんだと思うんですよね。

そういう意味で、役者人生っていうのは、とにかく、この世のすべての人の人

生を演じる気持ちでなきゃいけないから、そういうつもりでいろんな人の人生を眺《なが》めてきて、「自分にもそういう人生があるかも」っていう気持ちで人を見る練習をして、人と付き合う練習をして。で、決して驕《おご》らないでね、できるだけ腰《こし》を低くして、頭を下げて、普通《ふつう》に人と接して、やっていけるように努力すれば、いろんなものが見えてくるから。

だけど、それをやらないで、「自分はすごく偉《えら》い女優だから」っていうような気持ちでいったら、だんだん世間《せけん》が狭《せま》くなってね、外にも出られないし、人にも見られないようにしなきゃいけないし、写真雑誌は怖《こわ》いし。ね？　で、「自分が演れる役どころは、こんなものでしか演らないから」というような感じで選んでね。「嫌《きら》いなものはしない」「こういうふうなイメージ以外では売らない」みたいな、そういうブランドみたいな感じにして演りたいっていう方もいらっしゃると思うんだけど……。

うーん、まあ、若いうちには、それもしかたがないかなあとは思うけど、王道ではないのかなあっていう気持ちはありますね。

役者として、心のなかの「七つ道具」を持つ

樹木希林　さっき、「七つ道具」って言葉を言いましたけど、化けて七種類ぐらいです。だいたいそんなもんだと思います、役者っていっても。だから、「自分の七つ道具は何かな」と、「七種類ぐらいは演技ができたらいいな」と思って、心のなかの七つ道具を持ってること、なかったらつくっていくことが大事ですね。

トンカチだとかね、鋸《のこぎり》だとかね、鉋《かんな》だとかね、いろいろあると思うけど、そういう七つ道具ぐらい、七種類ぐらい分けられたら……。まあ、「七変化《しちへんげ》」って昔から言いますから、七変化できたら、まあまあ、まあまあ、そんなもんですよ。

それ以上はなかなかできないから、あとは、そのなかのどれかで演らせてもらうしかないんで。監督さんに選んでいただいて、「今回はどれで行ったらいいんでしょうか。トンカチでしょうか。鋸でしょうか。鉋でしょうか」っていう感じで、「これで演ってくれ」っていうところで演っていく。

でも、同じ仕事を受けても、「ほかの人よりも、ちょっとでも良心的に演ろう」と思うことが大事で。もちろん、自分の役柄《やくがら》の成功も思わなきゃいけないけど、「作品としての成功や、監督さんとしての成功、主演の方等の成功、あるいは、スポンサーをやってくださったり、配給してくださったり、映画をつくってくださったりしている方々、ご支援《しえん》を受けている方々の、みんなの成功になりますように」っていう気持ちを持って、自分の役割をできるだけ満行《まんぎょう》するっていう気持ちが大事だと思います。

武田　これから役者を目指す方々のために、今おっしゃっていた「心のなかに七つ道具をつくっていく」ということに関して、お伺《うかが》いします。生前、「役者になって以来、ずっと人を観察してきた」というコメントをされていたそうですが、今も、そのようなお話がございました。

樹木希林　うん、うん、うん。そう。そうです。

武田　「観察する」ことは誰《だれ》でもできますが、役者の七つ道具の一つにするところまで、自分のなかに確かに取り入れるということは、なかなか難しいのではないかと思います。どのようにしたら、そのようにできるのでしょうか。

樹木希林　それは、もう、職業上の秘密だから、分からないけど。

　魚屋さんはねえ、やっぱり、鱗《うろこ》一枚を見て魚を言い当てられなければ、本物の魚屋ではないでしょう。素人《しろうと》には、鱗を見ても何の魚か分からないけど、毎日魚を捌《さば》いている魚屋さんは、鱗を見たら何かぐらいは、すぐ分かるでしょう。その魚の種類を知ってるっていうことですよね。で、どういうふうにそれを処置したらいいか、料理したらいいか、どういうふうにしたのがいちばんおいしいかを知ってる。それが魚屋さんですよね。

　宗教家は宗教家で、これまた、宗教を大きくしたかったら、一人でも多くの人の種類とか、考え方や行動、間違い、あるいはよいところ、こういうのが見えていかなければ、よい宗教家になれないでしょうね。

だから、専門家、プロになれば、そういうふうに、できるだけ多くのものを見分けられるようにはなっていく。

　まあ、自分が演じるということになったら、先ほど言った七つ道具ぐらいが限度にはなるけれども。「演じる」っていうんではなくて、「ほかの人の演技が分かる」とか、「ほかの人の気持ちが分かる」とか、「こんな種類の人間がいるんだっていうようなことが分かる」とかいうことであれば、演技にそれを反映するっていう意味でね。

映画「あん」で活《い》きたガンの経験

樹木希林　例えば、先ほど「あん」の話がありましたけども、どら焼きのあんこをつくる役で、そのあんこさえおいしければ、仕事としては成り立ってはいる。その商品だけを見れば関係がないけれども、やっぱり、つくってる人の手を見てね、その手に、いろいろと腫《は》れ物があったりするのを見て、近所のおばさんや女子高生たちが、「うわっ。この人、病気と違うかな。うつったらどうする。伝染病だったらどうする」と思ったら、急に商品が売れなくなるよね。

人は、そういうふうに主観でイメージしたものを感じるからね。だから、体、身が引いていくよね。昨日《きのう》まであんなに人気があったのが、サーッと引いていく、サッと引いていく。これは自分が演技するわけじゃないけど、「人がそう思って、そういうふうに動く」っていうことが理解できなきゃいけない。

私はハンセン病にはなってないから、ハンセン病の役をしても、ハンセン病の方の本当の悩《なや》みや苦しみは分かりません。だけども、ガンを患《わずら》った人間として、ガンを患ったら、家族や親族や友達や、あるいは仕事関係の人たちが、どのように反応なされるのかっていうようなことは分かるし、自分自身がどのくらい苦しいかっていうことは分かるから、そういう意味で見てみれば、ハンセン病の方なんかも、こんな気持ちだろうなっていうことは分かるし。

まあ、実際に、多少、勉強させていただいたりもしましたけどね。

5　お天道様《てんとう》みたいな気持ち

神様の御心《おこころ》を演技で

樹木希林　それにつけても、大昔の日本の光明《こうみょう》皇后様とかね、ハンセン病、癩病《らいびょう》患者《かんじゃ》の方の膿《うみ》を吸ってあげたとかいう話もあるしね。もう涙《なみだ》が出ますよね。そんなこともあるし、イエス・キリスト様だって、そういう癩病患者の人の病気を、神の光で治しておられるんでしょう?

だから、宗教的な存在っていうか人って、偉《えら》いなあって思って。そんな、膿がいっぱい出てるような体から膿を吸ってあげたりする人がいて、普通《ふつう》の人と同じように分け隔《へだ》てなく接してあげるっていうのは、ものすごく偉いことじゃないかなあと。「自分にだってうつるかもしれない」と、当時だって思ってたと思うんですよね。だから、すごく偉いことなんだなあと思って。

私は、神様がいちばん偉いと思ってるけど、神様の次には宗教家が偉いと思ってるし。芸能人がどのくらい偉いかは知らないけども、その神様の御心《おこころ》、「みんなにこういうことを伝えておくれ」って言ってる御心を、もし、演技でお伝えすることができたら、少しはお役に立ってるのかなって、そんなふうに、いつも思ってました。

武田　では、そのあたりが、樹木希林さんの考える「女優の成功」というものになるのでしょうか。

樹木希林　そうですね。ほかの方には、また、ほかの生まれ持っての顔とか声とかね、スタイルとか、いっぱいあるからねぇ。これについては違《ちが》いがあるから、何とも言えません。私は私の人生なんで。私と原節子《はらせつこ》さんは違うし、吉永小百合《よしながさゆり》さんは違うから。

人生で起きる「悪いこと」を受け止める。そして……

大川紫央　先ほどからお伺《うかが》いしていると、ガンになったことを、とても大きな苦しみや悲しみとしてのみ捉《とら》えるのではなく、ガンになられたことで、さらに、人生について深く考えておられたのではないかと思うのですけれども。

樹木希林　うん、それはそうです。それはそうです。

大川紫央　やはり、人はみんな、どこかで病《やまい》になったり、晩年になるにしたがって体が弱っていったりするなど、いろいろあると思うのですけれども、そのときに、どういう心構えで生きていけばよいのかということについて、アドバイスいただきたく思います。

樹木希林　私も、だから、結婚《けっこん》はしたことがあるんですよ。ロック歌手の内田《うちだ》っていう方と結婚したことがある。子供もできたんですけどね。やっぱり芸能人ってのは、なかなか家庭人に徹《てっ》することが難しくて。いろいろとお互《たが》い言い分はありますけど、別居状態が続いて、娘《むすめ》にも迷惑《めいわく》はかけてね。

だから、「罰《ばち》として、ガンになるぐらいは当然のことだ」と、自分でも思っているんですよ。「人間として一人前の生き方がキチッとできなかったから、このくらいのことを神様が下《くだ》さるのはしかたがない。（神様は）『それに耐《た》えて生きて、おまえは生きてる間に、そのカルマを刈《か》り取れよ』と、きっと言ってくださってるんだろうなあ」と思って。

完全な人生を生きることは、どなたも、難しかろうとは思うので、「自分は、人間としてここは足りなかったかな。不十分だったな」と思うところがあったら、それに似合いの何か、苦しみや悲しみや喪失感《そうしつかん》、あるいは、何かの機能が失われたり、お金がなくなったり、いろんなことがあるかもしれないけども、「ありがたいことだな」と思ったらいい。

だから、俳優として使ってもらえなくなったら、「これはありがたいご慈悲《じひ》だな」と。「みんなが、『おまえの演技じゃ駄目《だめ》だ。もっと勉強しなさい』ということを教えてくれてるんだなあ」と。「ありがたい」と。

だから、「干《ほ》されている」とか、「世間《せけん》から差別されている」とか、「世間が偏《へん》向《こう》してて自分を認めてくれない」とか、そんなふうに思っては駄目で、現象としてそういうふうに見えても、それはやっぱり、自分の自惚《うぬぼ》れだったり、不用意な言葉だったり、人を傷つけた行為《こうい》だったり、いろんなものが積もり積もって、そういうふうになっているので。

だから、悪いことが今、自分の周りに起きていたら、一つひとつ、何か思い出してね。「自分がその報《むく》いを受けるだけのことは何かあったんでないか」ということが分かると思うので。

ほんとはねえ、その間違ったことを一つひとつお詫《わ》びして、「ごめんなさいね」って言うのが本当なんです。筋《すじ》なんだけど。でも、それができないこともあるんですよ。もう過ぎ去っていて、できなかったり……。やっぱり、覆水盆《ふくすいぼん》に返らずだし、橋の下を流れる川の水は、もう一回、流れてくれないものなんでねぇ。だから、どうにもならない。

もう亡《な》くなった、例えば、親とか、おじいちゃん、おばあちゃんとか、きょうだいとかに言った言葉とか、やった行為とかには、取り返しがつかないものがいっぱいあって、会って謝《あやま》りたくても謝れないこともある。

そういうものが積もり積もって、今の苦しみとか、いろんなものになってくることがあるけど、「ありがたいなあ」と。「それを刈り取るためのチャンスを今、神様は下さったんだなあ」と。

私も、ガンになっても、「もし一年で死ぬようだったら、罪がまだ軽かったんだなあ」と思って、「神様ありがとう。一年で死なせてくれてありがとう」っていう気持ちだったのに、十何年間働いたのを見たら、「罪がかなり重かったんかなあ。うーん。なかなか神様は許してくださらないなあ」と思って。まあ、七十五ぐらいで逝《い》かせてくれたんで、何だかありがたい。

「黒柳徹子《くろやなぎてつこ》さんのところまで頑張《がんば》らないかんかなあ」と思うとったんだけど、「あそこまではやらんでもええ」とのことだったんで、ありがたいなあと思っています。うんうん。

俳優・本木《もとき》雅弘《まさひろ》のこと

武田　ご家族について伺いたいと思います。お嬢《じょう》さんがいらっしゃって……。

樹木希林　はいはい。はい、そうです。

武田　その旦那《だんな》さんが本木《もとき》雅弘《まさひろ》さんという……。

樹木希林　そうですねえ。

武田　ええ。元アイドルの方ですけれども、年を重ねて、非常に味のある演技をされる俳優として活躍《かつやく》されています。

樹木希林　ああ、そうですね。

武田　樹木希林さんのような大女優がお義母様《かあ》であれば、難しいこともあったりするのではないかと想像するのですが、家族のなかで、よい感化を与《あた》え合う関係をつくる秘訣《ひけつ》についてお伺いできますでしょうか。

樹木希林　いやあ、もう本木さんとかは、そりゃあ素質、才能がおありの方なんで、私が何かしたなんてことは、まったく、まったくございません。

菊《きく》は菊、チューリップはチューリップ、楠《くすのき》は楠、そういうふうに、みんな育っていくもので、才能がある方がそのようになられてるだけで、私はもう、なーんにも関係ありません。

多少、向こう様が何か見て感じることはあるのかもしらんけれども、教えることなんかもうほんと、何一つありませんでした。ほんとそうです。まあ、立派な方なんで。ええ。ご自分で大成される方で。自分で演技の勉強を一生懸命《いっしょうけんめい》なされてる方で。

（本木さんは）昭和天皇の役か何かされましたよね（映画「日本のいちばん長い日」〔二〇一五年公開／松竹、アスミック・エース〕）。

武田　はい。

樹木希林　できるもんじゃないです。今、昭和天皇の役なんか回ってきて、できる俳優はいませんよ。そんな恐《おそ》ろしい役は、さっきの「七つ道具」のなかに入ってるわけがないですからねえ。それは、すごいことですよ。

そんな、私なんかと比較《ひかく》にならないんで。まあ、はるかに演技達者な方なんじゃないでしょうか。自分で昭和天皇のご勉強もなされて、「こんな人だろう」と思って、演《や》られたんだろうと思うんで。

私はもうほんとに、どれもこれもおばあちゃん役ですから、全然、全然、全然、もうまったく違います。それは違います。私のほうは、ちっちゃな風景なんです。ちっちゃな風景、ささやかな家庭の風景や、ささやかな町の風景、ささやかに働くお年寄りの風景を演じているだけで、そんな大きなのは、とても私には無理なんで。

ささやかな、人の気持ちが伝わるような役を頂いて、演ってるんで。すべてそうなんで。

「罪深い自分でも、神様は許してくださっている」

久保田　先日、バラエティ番組に出演されているのを拝見しまして、ガンと闘《たたか》っている姿は本当にすごいなと思いました。本日も、いろいろな話を聞いていますと、例えば、ご主人様との特殊《とくしゅ》な関係も、普通であれば、悩《なや》み苦しむところですが、希林さんの場合は、面白《おもしろ》おかしくといいますか、楽しみとか、プラスにうまく変えていく発想を持っていらっしゃるように思います。そのあたりの奥《おく》にあるものがもしあれば、教えていただけますでしょうか。

樹木希林　いやあ、だからねえ、もう欠陥《けっかん》だらけの人間なんですよ。欠陥だらけの人間なんで。完璧《かんぺき》な履歴書《りれきしょ》みたいなのを書きたがる人は多いと思うんだけど、もともとは、そういう筋の人ではないので。

「誰《だれ》が見ても、『ああ、ここは駄目だったんだなあ』って分かるところがある」っていうことは、ありがたいことですよ。「ああ、この人、完璧じゃないな」「ここ、失敗してるな」「挫折《ざせつ》してるな」と、みんなに分かるような部分があったら、それだけで何か許しを一部頂いてるところがあるんで、もう、「ありがたいなあ」と思うしかない。

別に笑い飛ばそうと思ったりしてるわけではないんですけど、自分が完璧でない人間だっていうことを、何と言うかなあ、分かっていただいて、うーん、ほかの人に笑っていただいてもいいし、同情していただいてもいいし、共感していただいてもいいけれども、まあ、「テレビに映ったり、映画に出たりするような人だって、普通の人間で、みんなと同じような悩みも苦しみも、いろいろあるんだなあ」っていうことを分かってくれたら、よくてね。

「『銀幕に映ってる人は、みんな天女《てんにょ》ばっかり』と思うなら、間違いですよ」と。

「そうじゃなくて、みんな、当たり前の人間の、当たり前の苦しみがあるんですよ」ということかなあ。

「そういう罪深い自分でも、神様は許してくださってるんですよ」というところを、うまくは伝えられないけど、下手《へた》でもいいから、お伝えできたらいいなあと思って。

年を取るにつれて、だんだん恥《は》ずかしさも減ってはきたのでねえ、まあ、「そのへんをうまく分かってくださると、うれしいな」と思ってました。

「役者さんも最後は、お天道様《てんとう》みたいな気持ち」

久保田　今のお話を聞いて、とても宗教的な方だなと思ったのですが、これは役者の修業をしていくなかで、深めていったものなのでしょうか。

樹木希林　うーん。私ねえ、最後はもう、この十年ぐらいは、あんまり演技はしてないんですよ。

「自然だ」と言われるけど、もう演技できないので（笑）。ありのまんまでやらせてもらうということに、ほぼ徹していたので。

若いころは、あっちも、「もうちょっといろんな役を」と思う気もあったけど、ここ十年ぐらいは、もう演技してる気持ちはなくて、「樹木希林」の名前が、役どころの名前に変わっているだけで、「自分自身を演じている、自分自身をやっている状態」にもう近かったんで。

で、「自分自身の存在が作品に溶《と》け込《こ》んで、一部なりとも、作品に命を与えることができれば、ありがたいなあ」と。

まあ、そういうところだし、（私には）若い人たちにとっての〝安心剤《ざい》〟みたいな感じのところがあってね。

監督《かんとく》さんなんかでも、経験のまだ浅い監督さんもいらっしゃるので、やっぱり、ときどき落ち込むんですよ。天気が悪くなったりねえ、何かを忘れたりねえ、役者がやってこなかったりねえ、いろいろするんですよね。そしたら落ち込む。スケジュールどおりいかなくて、カリカリして落ち込むんですよね。

まあ、そんなときに、ばあさんが、「監督さん、今のよかったですよ」とか、「あれ、よくできてたと思いますよ」とか、「あれで、みんな分かってくれると思いますよ」とか、ちょっと言ってあげるとね、元気が出てシャンとなることがあるんで。だから、役者だけど、ちょっと、みんなを励《はげ》ますような役割ができれば、役に立つかな。

若い人だけでやると、けっこう傷つけ合うんですよ。「おまえの演技はなってない」とか、けっこうお互いに刺《さ》し合うんで、これがけっこう、きついんですよね。真剣《しんけん》であればあるほど、そうなるんです。どうしてもなるし、監督さんもまだ実績が十分ないと、きつくなっちゃうとこがあるんで。

まあ、そういうときに、こう和《なご》ませる役割？　これは画面には反映されてないけど、つくってる人たちの心には反映しているはずですから。

だから、「あの人は、そんなに悪くないよ」とか、「頑張ったと思うよ」とか、ちょっと言葉を添《そ》えてあげるだけでも、全体がまとまって最後まで撮《と》り終えることができるんでね。

カンヌか何かの賞を取れたの、私の役はほとんどないようなものだけども、でも、私が出ているだけでね、「ほかの人たちがいろんな演技をいっぱいやってるんだけど、私がのってるだけで、何となくまとまってる」ような感じ。「家族でないけど、まあ、偽物《にせもの》だけど、家族みたいな気分になってるような人たちが、何となくまとまってる」ような、「自分の個性的な演技をしたがってる人たちが、バラバラであるようで、何となく、私がニコニコしているだけで、まとまってる」ような感じになってましたから、まあ、そんな役かなあと思っていました。
だから、役者さんも最後は、お天道《てんとう》様みたいな気持ち、太陽の光のような、お日様のような気持ちになっていかなきゃいけないし、それが、日本の宗教で、天《あま》照大神《てらすおおみかみ》様にみんなが手を合わせている理由だと思いますよ。うん。

大川紫央　今、霊言《れいげん》というかたちでお話を頂いていますが、亡くなってすぐであるにもかかわらず、ここまで、いろいろなことを教えてくださる境地に至るのは、普通に人として生きていたら、なかなか難しいことではないかと感じました。

6　やっぱり、あの世はあったよ

感謝の気持ちをみなさんに伝えたくて

大川紫央　亡《な》くなられてからあとのことも、少しお伺《うかが》いしたいと思います。亡くなられてから二日たちますが、生きていたころと違《ちが》って、何か体験されたことはありますでしょうか。

樹木希林　みんなが多少悲しんでくれたり、ニュースとかに取り上げられたりしているようですけどね。まあ、それは、ほんとにありがたいことで。

自分のお父様、お母様が、この世に自分を生んでくださったおかげさまで、七十五年生きられて、おかげさまで多くの人が、私が死んだことを惜《お》しんでくださったり、懐《なつ》かしんでくださったりするようになりました。ということで、ほんとに、私を生んでくださって、育ててくださったみなさまがたや、あとは、お仕事の人生のなかで、私を励《はげ》ましてくれて、育ててくださったみなさまがたに、ほんっとに感謝の言葉しかなくて。

今日も、本当にご無理のところを言ってねぇ。大川先生の霊言集《れいげんしゅう》のレベルを下げてしまうと思うんですけど。きっと、「七十五のばばあが出てきて、しゃべって還《かえ》るなんて、よっぽど人がいないんかなあ」と思われて、値打ちを下げるとは思うんだけど、感謝の気持ちをみなさんに伝えたくてね。

死んだら、普通《ふつう》もう何も言えないじゃないですか。それで終わりになっちゃう。だから、生前の評価をいろんな方が言ってくださったり、書いてくださったりするんだけども、自分自身からも、みなさまにちょっとでも、お礼を申し上げたいなあと。

映画やテレビや劇で長く私を観《み》てくださった方々、そのために身銭《みぜに》を切ってくださった方、応援《おうえん》してくださった方、あるいは何十年もファンでいてくださったみなさまがたに、「ほんとにありがとうございました。また、ご支援、ご苦労様でございました」って、もうそのお礼が言いたくて。

「ほんっとに申し訳ない。〝お化《ば》け〟の姿でまことに失礼、申し訳ない」と思いながら、一言《ひとこと》、みなさまがたにご挨拶《あいさつ》だけしたいなあと思って。


ここ数日は、関係のある方のところを回ってきた

樹木希林　今日、無理をお願いして、みなさまがたの休みを壊《こわ》してしまってほんとに申し訳ないけど、もうまもなく旅立ちますので。
まあ、「ここ二、三日は、まだちょっとウロウロしてていい」っていうことな

んで、関係のある方とか、いろんなところを回ってきましたよ。

もう回ってきましたですけど、ここには来ていいのかどうか。「非常に難しいところではある」と聞いてはいたので。私のような者でいいのかどうか。「もうちょっとポスターになるぐらいの顔で来てくれ」って言われたら、もうそれは無理だから、どうかなあと。

そうしたら、ニュースが流れたあと、いちおう、（秘書が）新聞の私の顔（写真）にペタペタと四角い紙を貼《は》っておられたから、「ああ、やっぱり見たくないんだろうなあ」と。

「ああ、全部貼ってある。これ、『牡丹灯籠《ぼたんどうろう》』じゃない？　『パチッ、パチッとお札《ふだ》を貼って、入《はい》れないようにする』っていうのは、牡丹灯籠だ。よっぽど嫌《きら》われとんだなあ。若い人は『見たくも聞きたくもねえ』っていう気持ちなんだろうなあ」と思ったんだけど。一瞬《いっしゅん》、隙《すき》があったので、〝障子《しょうじ》の隙間〟から入ってきて、「先生、一言言えませんかあ。夜中《よなか》ずーっといたら嫌《いや》でしょう」とかね（笑）（会場笑）、「夜中に、美人さんがベッドのなか入ってきてくれるなら別にいいけど、『ばばあが夜中、ベッドで八時間一緒《いっしょ》に寝《ね》てでもいいですか』って言ったら、『うわあああ、それは困る』、奥《おく》さんだって『それは困る』っておっしゃるでしょう？ だから、早く終わらせませんかあ」って、ご提案申し上げたんですけどねえ。

あの世の世界のこと、「ずっと勉強していました」

武田　樹木希林さんの年齢《ねんれい》前後の方々も、やがては、樹木希林さんのようにあの世に旅立たれると思います。

樹木希林　うん、うん、うん。

武田　ただ、実際に死を目前にすると不安になったり、恐怖《きょうふ》したりする方もいらっしゃいますし、死後、往生《おうじょう》できずに、地獄《じごく》に赴《おもむ》く人も半数以上いると聞いています。

樹木希林　うーん……。

武田　しかし、今、お話しさせていただいている樹木希林さんは、幸せな思い出や周囲の方々への感謝の言葉をずっと語っておられて、とても温かいお気持ちが伝わってきます。本当に素晴《すば》らしいなと思いました。

そこで、やがてあの世へと旅立つ方々に対して、何かアドバイスするとしたら、どのようなメッセージ、お言葉になるでしょうか。

樹木希林　私もねえ、直接お手伝いできなかったんで、残念ではあるんですけれども、大川隆法先生が、「あの世の世界」とか、「人間には魂《たましい》があるんですよ」とか、「生まれ変わりがあるんですよ」とか、「神様、仏様があるんですよ」っていうことを教えておられることぐらいは、ずっと勉強していましたから。
いろいろな方の霊言を出していらっしゃるけど、まだ信じていない人はいっぱいいるし、広告は載《の》るところもあるけど、載らないところもあるだろうし。それから、有名で、美人さんとか、ほんとに偉《えら》い人や賢《かしこ》い人とかを出したら、「宣伝でやってるのだろう」「本当に死んだ人の霊言だろうか」なんて思われるだろうけど、「大川隆法先生だって、まさか七十五歳《さい》のばあさんの霊言なんか出したかないだろうなあ」ということぐらいは、みんな分かるじゃないですか。八割以上の人は、「それは出したくないだろうなあ」って。

大川紫央　そんなことはないです。

樹木希林　かっこ悪いもん。「もっと若い美人さんなら出したいだろうけど、（樹木希林は）出したくないだろうなあ」って、みんな分かるから。
それでも出すっていうんなら、「やっぱり、幽霊《ゆうれい》が取り憑《つ》いて、喉《のど》を締《し》め上げて、『しゃべれ、しゃべれ』って言ったのかなあ」って思うじゃないですか。そういうことで、もし百分の一ぐらいの人が信じてくれたら、それでも大きなことじゃないですか。

「死んだら、やっぱり、あの世はあったよ」

樹木希林　日本人なんか今、ねえ？　信じない人が多くなって、お墓《はか》もぞんざいだし、法要《ほうよう》もぞんざいだし、お寺のお坊《ぼう》さんも神社の神主《かんぬし》さんもみんな、「あの世はあるんやらないんやら分からん」っていう人ばっかりになってきたじゃないですか。

だから、美人でない女優として有名な樹木希林が、ある程度、テレビや映画に出てた人が、死んでから霊言するってことで、まあ、生前に直接会ったこともないし、賄賂《わいろ》ももらったことないし、切符《きっぷ》を買ってもらったこともなければ、こっちから幸福の科学さんにしたことも何もない。そういう関係なのに出してくださって、話をしてくださるっていうのは、まあ、大川隆法先生は、非常に公平無私な態度でやってくださってるし、自己犠牲《ぎせい》的な気持ちもすごく持っておられて、自分の時間を割《さ》いて、死に損《ぞこ》ないのばあ様……、いやあ、死んだんだけど。死ぬのは成功したんだけども。

もしかしたら、八十五歳まで生きようと狙《ねら》っとったのかもしれん。十年分の執《しゅう》着《ちゃく》があって、「七十五で死んで悔《くや》しい。もしあと十年働けたら、もっとお金を儲《もう》けたかも分からん」とか思ってるかもしれない。執着があるかもしれない。まあ、いろいろあるかもしらんけど、そんな人が出たということで。

まあ、私だって、共演した人もたくさんいるしね。それはもう数えられないぐらいいるし、たぶん、テレビや映画で観てくださった方は、それはそれはものすごい数で、同じ方も多いけど、何百万と言わず、観てくださった方はいると思うんですよ。

そういう人たちに、いやあ、「樹木希林の復活」なんていう偉そうなもんじゃないけど、「死んで、あの世はあるよ」と樹木希林が言うとるよ、と。「私は生前から信じとったけど、死んだら、やっぱり、あの世はあったよ」と。「大川隆法先生のおっしゃってたとおりでしたよ」と。「まったく間違ってませんでしたよ」と。

それを言うだけで、まあ、力はそんなにないけど、百人に一人ぐらいが、「樹木希林がそうやって言うんなら、信じようかなあ」と思ってくれたら、それでもすごいことじゃないですか。ねえ？

幸福の科学に関心がなくて、大川隆法先生が今までいろいろ出してきた霊言集とか、守護霊《しゅごれい》霊言とかにまったく関心がなかった人が、樹木希林にだけ反応するっていうこともないとは言えないんで。

七十五から百歳までぐらいの層は反応する可能性がある。「もしかしたら活字が読めないかもしれない」というのが残念なところではあるけれども。

でも、「（樹木希林の霊言が）出たらしい」ということを聞いただけで、もし、「あら？　幽霊が出たのか。幽霊がしゃべったのか。やっぱり、あの世はあるのかなあ」と思うてくれたら、私は、もうそれだけで、「長いこと何十年も役者をやったかいがあったなあ」と思うんですよ。

「千眼《せんげん》さん、七十五歳《さい》の自分も考えないと」

樹木希林　おたくの千眼美子《せんげんよしこ》さんも今、一生懸命《いっしょうけんめい》、宣伝広告なさってるんだろうけど、千眼さん、いつまでも若いと思うたらあかんよ。七十五歳《さい》の自分も考えとかなあかんよ。七十五歳でまだスクリーンに映れるかどうか、よう考えて演技なさいね。そうしたら、私みたいにまだ仕事が長くできるからねえ。

まだ、あと何十年……、五十年ぐらいあるかな？　五十年以上あるのかな。五十年やったら、けっこういろんな人に知ってもらえるよ。長くやることが大事だから、線香《せんこう》花火みたいに短い仕事は駄目《だめ》よ。「人気があるときだけもてはやされて、人気がなくなったら忘れ去られる」っていう、この業界は、九十何パーセントそうなんで。九十八、九パーセントそうだから。

だから、一年長く活躍《かつやく》することで、一年多く、たくさんの人に縁《えん》ができて、多くの人に伝えることが何か出てくるからね。

人には魂《たましい》がある。地獄《じごく》も天国も

樹木希林　私は、映画で伝えられなかったことを、テレビのワイドショーとかでも伝えられなかったことを、たいへんたいへん申し訳ないけども、大川隆法先生の貴重な時間を頂いて、今、お伝えしてるんですよ。

人には魂《たましい》があります。赤ちゃんとして生まれてくるときに、お母さんのお腹《なか》に宿ります。そして、ゼロ歳から生活して、大人になります。人生で、いろいろな職業に就《つ》き、人間関係をつくり、家族をつくりながら生きていきます。生涯《しょうがい》で善もなし、悪も犯《おか》します。たくさんのことをいっぱいします。

でも、「できるだけ、善をなして、神様のお役に立とう」と思う気持ちを持っていると、生きている間も幸福だし、死んでからも幸福な世界がある。だけど、神様を信じないで、「悪いことをしてでも、この世でうまく生きられたらいい」とか、「知られなきゃいい」とか思ってるような人は、この世でも苦しむことも多ければ、死んでからあとも苦しんでる方はいっぱいいらっしゃる。地獄界《じごくかい》で苦しんでる大勢《おおぜい》の人を救うだけの力が、私にはありません。けれども、映画やドラマの縁で私を知ってる人たちが、私の言葉を少しでも信じてくれるなら、お手伝いができるのかなあと思っています。

私はそんなに偉い人でないから、神様っていう人がどんな人かはよく説明ができません。

ただ、大川隆法先生が、この世で生きておりながら、神様の役割の一部を果たしておられることだけは、よく分かります。本当に、言っておられるとおりだと思います。教えておられるとおりだと思います。それがもうちょっと広がるようにお手伝いしたかったのにできなかったことだけは、今世《こんぜ》の残念なところです。

「樹木希林の言葉は天国か地獄《じごく》か、感じ取ってほしいんです」

樹木希林　芸能界にだって、今、幸福の科学のご本を読んだりね、映画を観たり、いろいろなことで縁があって、関心を持ってたり応援したりしてる方は本当にいっぱいいらっしゃるんです。

でも、この世的にね、女優や俳優としての活躍に支障が出るからといって、事務所とかで止められたり、「自分がちょっと変な人だと思われるかな」とか思って、それを公《おおやけ》にできない人がいっぱいいっぱいいるんです。

私みたいに、毎年、いつ死んでもいいと思ってるような人は、そういう気持ちはもう少なくなるんですけど、これから先、まだ働いて、有名になりたいとか、お金を稼《かせ》ぎたいとか思ってる人は隠《かく》したがって、本来、大勢に影響力《えいきょうりょく》があるのに、弱気になってそれが出せない方はいっぱいいらっしゃるんですね。

だから、芸能界関係の方や、ファンの方々に、「樹木希林の幽霊《ゆうれい》が言ってることは正しいと思うか」、「これがこれから地獄《じごく》に行く人の言葉だと思うか」、「天国に行く人の言葉だと思うか」、感じ取ってほしいんです。

大川隆法先生は、落語家じゃないので、私みたいなしゃべり方はできないんです。これは私がしゃべってるんです。これを分かってほしいなと思って。

ちょっとでもお役に立てればありがたいです。

7　樹木希林の過去世《かこぜ》

「私は偉《えら》い人間ではない」

武田　本当にありがたいお言葉の数々をありがとうございました。魂《たましい》、そして、霊《れい》の真実を世の人々に伝えるために、樹木希林さんの魂の歴史についてお伺《うかが》いしたいと思います。もし、現時点で、過去世《かこぜ》などがお分かりになるようでしたら、何かお教えいただきたいと思うのですけれども、いかがでしょうか。

樹木希林　うーん……。まあ、そんなに偉《えら》い人じゃないんで。それは、幸福の科学のなかから出たほうがいいですよ、そういう偉い人は。なかの方で、活躍《かつやく》された人が、過去世で偉い神様だったっていうほうが……。私みたいに、外に出て、真理を口から説けなかった人間が、そんな偉い過去世があったようなことを絶対に言ってはいけないと思います。本当に、河原《かわら》の石ころぐらいに存在する魂の一つです。

私は、そんな偉い人間ではありません。むしろ、死んでから初めて真理に気づいて、ここに来たのかもしれないから、「〝幽霊会員《ゆうれい》〟一名」とカウントしていただければ。幽霊会員っているんでしょ？　フフ（笑）。まあ、本当の意味ですけど。本当の意味の幽霊会員を一名、増員。「伝道一人」ということで、入れていただければありがたいな。

幸福の科学を手伝えずにあの世へ……

樹木希林　これから、あの世の勉強を始めますけれども、まあ、生前、個人的にいろいろ勉強をしたこともあります。神社・仏閣《ぶっかく》、その他、さまざまな宗教の勉強をしたこともございますし、幸福の科学の勉強も、大したことはありませんが、少しはしております。

おそらく、戦後出てきた日本の宗教で、まあ、戦前からのものを含《ふく》めても、大川隆法総裁の幸福の科学が最大で、最高のものだろうと、本当に世界に広がっていくものだろうと、私は思ってます。それをお手伝いできずにあの世に逝《い》ってしまったことは、とても残念です。

若い人たち、今、三十代とか、二十代とか、十代の人たち、あなたがたには、まだ長い時間が何十年もあるから、今、頑張《がんば》って、発心《ほっしん》してやろうと思えば、ずっといい仕事ができます。

私みたいに、女優で（日本）アカデミー賞をもらったとかいうのよりも、ちゃんと、生きてる人に伝道して、真理を知ってもらう、百人に知ってもらう、二百人に知ってもらう、そういう仕事のほうが尊い仕事です。

だから、芸能界に関心を持って仕事をされてもいいけれども、ある程度、知名度を生かして、実力に自信が出てきたら、やっぱり、ちゃんと年齢《ねんれい》相応に真理を弘《ひろ》める仕事をやっていこうと思ってくだされぱいいなと思います。

今、かなり偉《えら》い方々が周りに来ている

樹木希林　私は、幸福の科学的には、ほとんど「衆生《しゅじょう》」です。救われるべき衆生の一人なんで、偉《えら》そうなことは言えません。

ただ、大川隆法先生は本物だと思います。年齢の順逆があって、（幸福の科学

に）辿《たど》り着いて応援《おうえん》できなかったことをとても残念だと思っています。

これから勉強しますけど、幸福の科学に関係のある高級霊の方々も、今、私の周りに来てくださっています。そういう人たちのお力も受けて、ここから真理をもっと勉強して、未来の仕事をどうするか、まあ、これからガイダンスしてくださるそうなので、話をしていきたいと思います。

樹木希林としてできる仕事は、たぶん、こんなもんで終わりになると思います。

武田　今お話しくださった、周りに来ていらっしゃる高級霊の方々とは、どういった方ですか。

樹木希林　それは畏《おそ》れ多くて、言ってはいけないことではないでしょうか。幸福の科学の高弟《こうてい》は言ってもいいと思うんですけど、偉い方なら言ってもいいけれども、私は言ってはいけない存在だと思います。
私の周りに来てるのは、監督《かんとく》だとか、そういう芸能部門の方で、亡《な》くなった芸能人だとか、まあ、そんなような人は来てると言ってもいいんだろうけど。
そういう偉い方が来てるみたいなことを、私が言うべきではないと思います。

武田　宗教家の方々がいらっしゃっているのですか。

樹木希林　はい。来ていらっしゃいます。
まあ、もちろん、仕事関係の方もね、先に亡くなられた方もいらしてはいますけどね。

武田　そうですか。

樹木希林　でも、宗教家は来ています。

武田　（机上の映画「神宮希林《じんぐうきりん》　わたしの神様」のパンフレットを指して）そちらのパンフレットもございますが、日本神道《しんとう》系の方ですか。それとも、仏教やキリスト教の方でしょうか。

樹木希林　神道系の方も来てますね。来ていらっしゃいます。もう、とても畏ろしゅうて言えませんわ。まあ、伊勢神宮《いせじんぐう》にも、ドキュメンタリーをつくるので一回行かせてもらいましたけど、畏ろしゅうて、神様の名前なんか語れません。

武田　「かなり偉い方がいらっしゃっている」ということですね？

樹木希林　そうですねえ。仏様もね。仏教の仏様もいらしてるし、あと、私には分からない外国人の方も……。

武田　外国人の方もですか。

樹木希林　うーん、いらしています。

武田　はああ。

樹木希林　どういう方なのか、私にはちょっとよく分からない外国人の方もいらしているので。
うーん……、けっこう国籍《こくせき》は豊かで、いろんな宗教……。

武田　あっ、そうなんですね。

樹木希林　たぶん、仏教や、うーん……、神道、儒教《じゅきょう》、キリスト教、イスラム教、昔のギリシャ・ローマの宗教とか。もう、たくさんの宗教の関係の方が来てくださっていますね、今ね。

武田　世界のメジャーな宗教の方々がいらっしゃっているということですね。

垢《あか》を落として、中程度の女神様《めがみ》になる？

樹木希林　この七十五歳《さい》のばばあが、これから、こう、（肉体を）脱《ぬ》いで、霊界《れいかい》に行って、しばらくすると若くなるんだって。若くなったら、もしかしたら、中程度の女神様《めがみ》か何かが出てくる可能性が……。

そのときには、みんなもよしよしと付き合ってくれるんじゃないでしょうかねえ。

武田　（笑）

樹木希林　何か、これから、あれみたいですよ。「千《せん》と千尋《ちひろ》（の神隠《かみかく》し）」だったかな？　河《かわ》の神《かみ》みたいなのが一生懸命《いっしょうけんめい》お風呂《ふろ》で流してたじゃないですか。垢《あか》というか、何かものすごく溜《た》まっていたものを。

武田　はい、はい。

樹木希林　今、あの状態だから、生前のあれをいっぱい流して、これからだんだんに、「あれっ？　私って、こんなにピカピカの女神さんだったんかなあ？　中程度だけど、そのくらいかなあ？」っていうようなのが見えてくるのかもしれないですが、今はまだヨボヨボのばあさんです。

守護霊《しゅごれい》のことは、「まだね、言ってはいけない」

武田　守護霊《しゅごれい》様は、分かりました？

樹木希林　うわっ。守護霊さんのことも訊《き》くんですか?

武田　はい。そうですね。

樹木希林　いや、それは、今、（幸福の科学の）入会願書を持ってきてくれたら。それを書いてからでないと、まだね、言ってはいけないんです。

武田　言ってはいけないんですか（笑）。

樹木希林　うん。私は、また別式の葬式《そうしき》をやってるから。まあ、あんまり、よそでいろいろやってるように言うといけないんでしょうけどねえ。
　でも、私のなかはいろいろあるんだけど、気持ち的には、アニミズムじゃないけど、山川草木《さんせんそうもく》、それから生き物、それから、すべての人間、みんなに仏性《ぶっしょう》が宿っているような感じの、そんな感じが、やっぱり自分にはいちばんふさわしいのかなあっていう感じはします。

幸福の科学の教えは、たぶん、もっともっと難しいもんだろうと思うので、これは、まだこれから教わるつもりでいますけど、そんな、「みんなよかったよ」っていう感じの……。

「〝赤福《あかふく》の神〟かもしれない……」

樹木希林　それから、「『神様が創られた仕組みは、一つの無駄《むだ》もなく、本当に機能して、キチッと清算されていますよ』っていうことだけをお伝えすれば、私としてはいいんだ」とおっしゃっている方がいらっしゃいます。

武田　（笑）

樹木希林　ヘヘヘヘヘヘ（笑）。

武田　（守護霊は）女性の方ですか？

樹木希林　男性です。

武田　あっ、男性ですか。日本神道系の方でしょうか。

樹木希林　まあ、どうなんでしょうかね。

武田　ちょっと分からないですね。

樹木希林　うん、「赤福《あかふく》」の宣伝をしている〝赤福の神〟かもしれない。あるいは、〝お正月の神様〟かもしんない。ちょっと分かんない。

武田　（笑）はい。分かりました。

樹木希林　幸福の科学の弟子《でし》としては、私をカウントできない。「場外編」、「押《お》しかけ編」、「押しかけばばあ編」なんで。もう妖怪《ようかい》か何かに分類されたって、文《もん》句《く》は一切《いっさい》言えないんで。ええ。

自分を売り出すほうに、宗教を使ってはいけない

樹木希林　でも、今、（幸福の科学が）芸能系に力を入れておられると聞いているので、「みんな挫《くじ》けないで」って。

挫けないで頑張ってくださいね。〝ビッグネーム〟になって、そして、お手伝いをするんですよ。

自分を売り出しているうちに自己中になって、自分を売り出すほうに教団を使いたくなるんですよ。人間ってそうなんです、弱いんで。弱いんで、利己主義になって、自分の顔を売ったりね、切符《きっぷ》を買ってもらったりね、それから、お金を支援してもらいたくなったりするんですよね。

だけどねえ、そうじゃないんですよ。自分のために教団があるんじゃなくて、教団のために自分があるんだよ。そう思って、芸能修業をちゃんとやって、そし

て、実力相応の発言をしていくようになれば、うまくいくようになると思います
よ。こんなばあさんでもそう思うぐらいだから、きっとそうなるとは思いますよ。

宗教をやってるから芸能活動ができないとか、この世が認めないとか、この世の逆だから駄目なんだとかいう考え方は持ちやすいと思うけど、「いや、それは、まだ自分の芸が一流の域まで達してないから」という気持ちを持っていたほうがいいと思いますよ。

そこまで達してたら、宗教をやっていても、「この人はいいな」って言ってくれるようになるから。「使いたいな」って思ってくれるようになるから。「人間としていい人だ」とか「人柄《ひとがら》がいい」とか言ってくれるようになるから。突破《とっぱ》しなければいけないんですよ。急にはできないかもしれないけど、長くやれば、突破できる。

宗教は、大勢、信者がいるからね、スターになるのに、逆に利用しようと思う

人は出てくると思う。だけど、それは間違《まちが》いですよ。

あなたがたがいい演技をして認められて、そして、アイドルになって、大勢の人がファンになってくれたら、ファンが、むしろ、「どんな宗教を勉強したらそんなふうになれるんだ?」って、関心を持って勉強してくれるようになるから。そのくらいの力を持たないといけませんよ。ただ、それは少し「腕力《わんりょく》」が要《い》るから、急ぎすぎたら厳しいことになるから、長く続けることが大事ですよ。

だから、「千眼美子《せんげんよしこ》さん、七十五歳のあなたをイメージしてくださいね」って。本当の老婆心《ろうばしん》から、もう一度一言《ひとこと》申し上げておきますね。七十五歳でまだ広告塔ができていたら、それは素晴《すば》らしいことですね。そうしたら、教団もすごく大きくなっていると思いますねえ。そういうふうにみなさんにも思っていただきたい。

信仰心《しんこうしん》と両立できない芸事は利己心が強いということ

樹木希林　（信仰《しんこう》を持って、これから芸能活動を始めていく人たちは）教団を利用して偉くなったり、顔を売ることは簡単です。金儲《かねもう》けもできます。でも、それは宗教の本道《ほんどう》ではない。

本当の芸事は、信仰心と両立できるものです。信仰心と両立できない芸事は、利己心が強いということなんで。それをやっぱり、よく知っていただきたいなあ。そういうことを、これから芸能系に入って修業をして売り出される方に、知っといてほしいなあと思います。

私は信仰を持っていましたし、それは隠しもしていませんでしたけど、そんなこと、みんな気にはしないで、演技でちゃんと判定はしてくれました。世の中はフェアです。だから、被害妄想《ひがいもうそう》になったり、損をしたとか、そういうふうに思ったら、絶対駄目ですよ。

幸福の科学はまだね、日本人の過半数が支持してはいないかもしれないけど、「だから、幸福の科学の反対、アンチをやれば人気が出る」なんて思うような方が万一《まんいつ》いるとしたら、「それは大きな間違いだと、幸福の科学の信者ではなかった樹木希林が言うとりました」とお伝えくださいね。「それは間違った考え方ですよ」と。やっぱり、神様ってのは、もっと偉大《いだい》な存在なんだということを知ってください。

これから、あの世に来た人に呼びかけをする仕事をする

樹木希林　私には分からないけど、私から見て大川隆法先生は、とっても神様と……。もう、ほんとに何と言ったらいいんだろう？「（神様と）瓜《うり》二つ」って言ったら失礼に当たるのかな？「双子《ふたご》」と言ってもいけないし、何て言ったらい

いんだろう？　分からないけど、「神様が地上に出てくるとしたら、こんな方になるんじゃないかなあ」と、僭越《せんえつ》ながら思うような方であるので、もっと多くの人に知ってもらいたいなあと思う。

そのために、芸能活動をちゃんとやって。お金儲け、一億、二億儲けるためにやるんじゃなくて、「多くの人に知ってもらいたい！」という強い願いを持って、そちらも不惜身命《ふしゃくしんみょう》でやってくださいなと思いますね。

だから、かたちは女優や俳優であってもね、やっぱり、それは巫女《みこ》さんであったり尼《あま》さんであったり、あるいは、坊《ぼう》さんなんですよ。俳優でも坊さんなんで。それを、やっぱり忘れないでいただきたい。

「宗教性を出さなければ売れる」なんていう考えは、絶対持っちゃいけない。それだったら、やる必要ないですよ。もう、それはこの世で普通《ふつう》に生きたらいいんだから。普通の人だからね。そんな人はいっぱいいるから。

そういう人たちを説得していくのが、私の仕事でもあるんで。これから、私がちょっと「年寄り担当」になるらしいから、私を知っているお年寄りで、あの世に還《かえ》った人たちに、「地獄《じごく》から早く上がってらっしゃい」っていう呼びかけをする仕事……。

だから、霊界でも映画はつくるんだって。

武田　ほお。そうですか。

樹木希林　何かそう言ってるから。霊界でも、ちょっと樹木希林主演の映画をつくってくれるって言っているから。

地獄界で上映するんだって。映画館がいちおうあるから、そこでかけて……。いつも、ひどい映画をいっぱいかけてるんですけど、そこに何とか押し込《こ》んでかけて、「ああ、ここかあ。ここが間違いだったのか」って、自分が気がつくような映画をつくるって言ってるから。まあ、そのうちまたやります。

でも、幸福の科学関係の偉い方はいっぱい来ていますので、これから仲良くしたいと思ってます。

不幸は神様の宿題にお答えする機会と考えて

樹木希林　（大川紫央に）奥様《おくさま》、よろしいですか？

大川紫央　はい。霊言《れいげん》を通して、とてもたくさんの愛を頂いたような気がしています。ありがとうございました。

樹木希林　うん。うん。

だからね、みんな、美人でなくても悔《く》やまないで。

そして、お仕事は長ーくね。長ーく、信仰について一生懸命に務めること。不幸なことが起きたら、それは自分自身の不始末《ふしまつ》のせいで起きているんで、やっぱり、反省の機会だと思って、神様が宿題を出されたと思って、自分自身を振《ふ》り返る。そして、ちゃんとね、世の中の人々にお返しをしていくことで、神様の宿題にお答えするというふうに考えてくれればいいですよ、と思っています。

だから、あなたがたは間違ってない方向で、ちゃんとやっておられるから。それを、樹木希林が普通は言うはずがないのに言ってるからね。来て言うはずないじゃない。そんなにお節介《せっかい》でもないから。それほどでもないのに、来て言ってるんだから、どうか、それを日本人の百人に一人でいいから信じてほしいなあ。

もし、私の霊言が出ることで、今まで幸福の科学を信じてなかったり、マスコミが悪口を言ったほうを信じてたりしてたような人が、ほんと、一万人ぐらいかな。一万人ぐらいでもいいから、「あれ？　樹木希林が出たんで、これ、信じてみようかな」と思う人が出てきてくれたら、私としては今日の〝出演料〟の代わりに、こう、「出演料をお布施《ふせ》する感じ」になります。

これからもよろしくお願いします。

武田　こちらこそ、よろしくお願いいたします。

樹木希林　うん。

また、芸能界の方の指導霊として、ときどきお手伝いさせていただきたいと思います。

ただ、年寄りの役があんまりなさそうだから。芦川《あしかわ》よしみさんとかであれば、私はもう指導することが何もないので。そのままやられたらいいので（笑）。若い人はちょっと指導できないかもしれないから、慰《なぐさ》めるぐらいが精一杯《せいいっぱい》ですかねえ。うん、うん。

まあ、こういう人もいたということだけ、知っててくれればありがたいです。

武田　本日はまことに、ありがとうございました。

樹木希林　ありがとうございました。

8 生前の本人そのままだった樹木希林の霊言《れいげん》

菩薩《ぼさつ》ぐらいの霊格《れいかく》は当然ある

大川隆法 （手を二回叩《たた》く）とてもいい方のようです。（生前の）本人と変わらないですね。

武田 そうですね。

大川隆法 あの世へ還《かえ》っても、そのままでした。

武田　はい。

大川隆法　きっと、「嘘《うそ》がない生き方」をなされているのですね。

武田　亡《な》くなられてまだ二日なのですが、ご立派です。

大川隆法　けっこう立派ですね。

武田　はい。驚《おどろ》きました。

大川隆法　本当は、けっこう立派な方なのでしょう。●菩薩《ぼさつ》ぐらいの霊格《れいかく》は当然あると思います。

●菩薩　自己確立の段階を通過して、衆生済度《しゅじょうさいど》に立ち上がり、人助けを実践している人たちのこと。幸福の科学の教えでは、霊界の七次元世界（菩薩界）は、救済行、利他《りた》行に生きた人々が住むとされる。この世界には宗教家をはじめ、思想家や政治家、科学者、芸術家などがいる。『永遠の法』（幸福の科学出版刊）等参照。

武田　そうですね。

大川隆法　ただ、本人からはそれは言わないでしょうね。

この霊言《れいげん》で「魂《たましい》があることの証明」を信じていただければ

大川隆法　ともあれ、芸能系の人に何か励《はげ》ましのメッセージを出したかったのではないでしょうか。

武田　励ましを頂いたと思います。

大川隆法　「樹木希林の言葉でどれだけ信用が増すかは知らないけれども、幸福の科学や大川隆法の教えには、信じていいことがあるよ」ということを言ってくださったのだと思うので、ありがたくお受けしたいと思います。

また、死んだ人が霊言《れいげん》をできるということで、魂《たましい》があることの証明を信じてくれる人が一万人に一人出るだけでもありがたいなと思っています。そうすれば、一万人の人に知ってもらうことができます。それだけでもすごいことでしょう。

武田　そうですね。

大川隆法　それは、それほど簡単なことではないわけです。何かのお役に立てば幸いですし、●百歳会《ひゃくさいかい》の人々には、ぜひともこの霊言を聴《き》いていただきたいと思います。

「敬老の日」の霊言でした。

●**百歳会**　「百歳まで生きる会」。満55歳以上の幸福の科学信者を対象とした集《つど》い。友達づくり、生きがいづくり、巡礼などを通して、「生涯現役人生」を掲げながら、地域や社会に貢献することを目指している。

質問者一同　まことにありがとうございました。

あとがき

「死んだら、やっぱりあの世はあったよ」、この一言《ひとこと》を伝えたくて樹木希林さんの霊はやって来たのだろう。お寺での本葬《ほんそう》より早く、この公開霊言は刊行となるが、たったこの一行の真理を伝えるために、私がどのくらい苦労しているかを、よくよくわかって下さっていると思う。

また人間の生き方として最も大切なことは何かをも明確に語って下さったと思う。これからの女優、俳優の皆さんへのアドバイスも慈愛《じあい》あふれるものだった。

スマホとパソコンとが人と人とをつなげる時代にあって、希林さんの、永遠の

母のような、優しさと温《あたた》かい人間味は、平成の世が去っていく寂寥《せきりょう》感とともに、
私の心の中を一陣の秋風のように吹き抜けていった。

二〇一八年　九月十九日

幸福《こうふく》の科学《かがく》グループ創始者兼総裁《そうししゃけんそうさい》　大川隆法《おおかわりゅうほう》

『公開霊言 女優・樹木希林』関連書籍

『永遠の法』（大川隆法 著　幸福の科学出版刊）

『あなたの知らない地獄の話。』（同右）

『生涯現役人生』（同右）

『あなたは死んだらどうなるか？』（同右）

『守護霊メッセージ　女優・芦川よしみ　演技する心』（同右）

『日野原重明の霊言』（同右）

『公開対談　千眼美子のいまとこれから。』

（大川隆法・千眼美子 共著　幸福の科学出版刊）

公開霊言《こうかいれいげん》 女優《じょゆう》・樹木希林《ききりん》

――ぶれない生き方と生涯現役の秘訣――

2018年9月20日　初版第1刷
2019年1月17日　　　第3刷

著　者　　大《おお》　川《かわ》　隆《りゅう》　法《ほう》

発行所　　幸福の科学出版株式会社

〒107-0052 東京都港区赤坂2丁目10番14号
TEL(03)5573-7700
https://www.irhpress.co.jp/

印刷・製本　株式会社 研文社

落丁・乱丁本はおとりかえいたします

ISBN978-4-8233-0036-3 C0074
カバー iravgustin/shutterstock.com

大川隆法霊言シリーズ・プロフェッショナルに学ぶ

高倉健　男のケジメ

死後17日目、胸中を語る

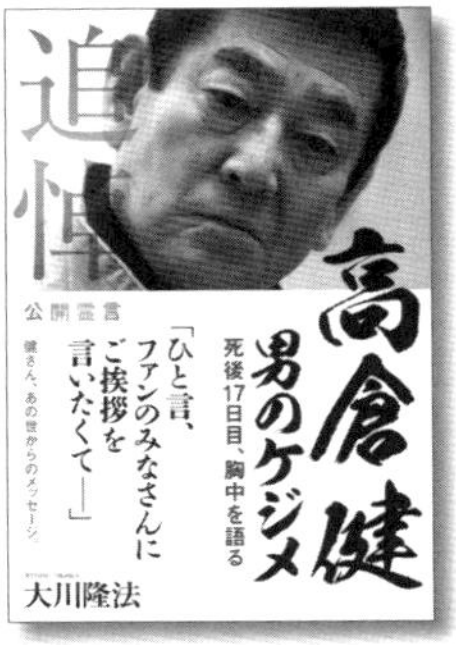

ファンや関係者のために、言い残したことを伝えに帰ってきた――。日本が世界に誇る名優・高倉健が、「あの世」からケジメのメッセージ。

1,400円

守護霊メッセージ
女優・芦川よしみ
演技する心

芸能界で40年以上活躍し続けるベテラン女優の「プロフェッショナル演技論」。表現者としての「心の練り方」「技術の磨き方」を特別講義。

1,400 円

女神の条件
女優・小川知子の守護霊が語る成功の秘密

芸能界で輝き続ける女優のプロフェッショナル論。メンタル、フィジカル、そしてスピリチュアルな面から、感動を与える「一流の条件」が明らかに。

1,400円

※表示価格は本体価格（税別）です。

大川隆法ベストセラーズ・「あの世」への旅立ちに向けて

あなたの知らない地獄の話。

天国に還るために今からできること

無頼漢、土中、擂鉢《すりばち》、畜生、焦熱、阿修羅、色情、餓鬼、悪魔界──、現代社会に合わせて変化している地獄の最新事情とその脱出法を解説した必読の一書。

1,500円

新しい霊界入門

人は死んだらどんな体験をする？

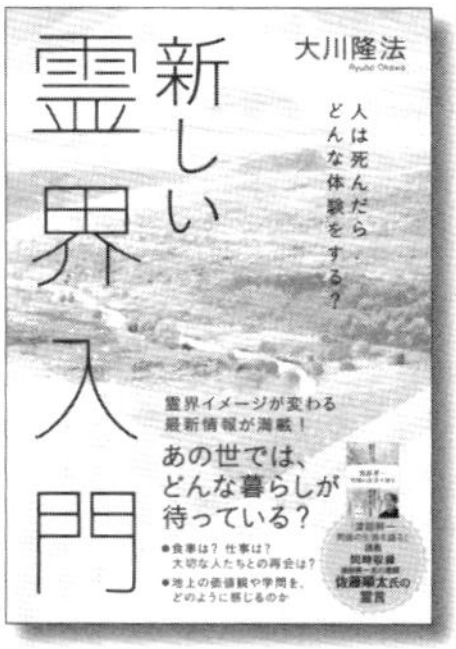

あの世の生活って、どんなもの？ すべての人に知ってほしい、最先端の霊界情報が満載の一書。渡部昇一氏の恩師・佐藤順太氏の霊言を同時収録。

1,500円

生涯現役人生

100歳まで幸福に生きる心得

「毎日楽しい」「死ぬまで元気」、そんな老後を送りたいあなたへ──。病気、貧乏、ボケを追い出し、長寿を得る心構えとは。

1,500円

※表示価格は本体価格（税別）です。

大川隆法シリーズ・最新刊

不信仰の家族にはどう対処すべきか

現代のダイバダッタ問題

いつの時代にも起きる信仰と身内の問題は、どう見るべきなのか。〝嘘〟の誹謗中傷、教団批判による炎上商法、その真相を明かした守護霊インタビュー。

1,400円

魔法および魔法界について

時代を進化させる魔法の力

現代にも、魔法使いは姿を変えて存在している。科学、医学、政治、経営、そして芸能――。あらゆる分野に影響し、未来を創る魔法の秘密を解き明かす。

1,500円

Love for the Future

未来への愛

英語説法 英日対訳

過去の呪縛からドイツを解き放ち、中国の野望と第三次世界大戦を阻止するために――。ドイツ・ベルリンで開催された講演を、英日対訳で書籍化！

1,500円

大川隆法「法シリーズ」・**最新刊**

青銅の法

法シリーズ
第25作

人類のルーツに目覚め、愛に生きる

限りある人生のなかで、
永遠の真理をつかむ――。
地球の起源と未来、宇宙の神秘、
そして「愛」の持つ力を明かした、
待望の法シリーズ最新刊。

2,000円

幸福の科学出版

※表示価格は本体価格（税別）です。

ある日、突然目の前に現れたキミは、
地上に舞い降りた〝最後の白魔女〟だった――。
愛の魔法が、世界を包む。
僕の彼女は魔法使い
製作総指揮・原案／大川隆法
千眼美子
梅崎快人　春宮みずき　佐伯日菜子　高杉亘　不破万作
監督／清田英樹　脚本／チーム・アリブロ　音楽／水澤有一　製作／幸福の科学出版　製作協力／ARI Production　ニュースター・プロダクション
制作プロダクション／ジャンゴフィルム　配給／日活　配給協力／東京テアトル
https://bokukano-maho.jp
©2019 IRH Press
2019年2月22日(FRI) ロードショー

幸福の科学グループのご案内

宗教、教育、政治、出版などの活動を通じて、地球的ユートピアの実現を目指しています。

幸福の科学

一九八六年に立宗。信仰の対象は、地球系霊団の最高大霊、主エル・カンターレ。世界百カ国以上の国々に信者を持ち、全人類救済という尊い使命のもと、信者は、「愛」と「悟り」と「ユートピア建設」の教えの実践、伝道に励んでいます。

（二〇一八年十二月現在）

愛

幸福の科学の「愛」とは、与える愛です。これは、仏教の慈悲《じひ》や布施《ふせ》の精神と同じことです。信者は、仏法真理をお伝えすることを通して、多くの方に幸福な人生を送っていただくための活動に励んでいます。

悟り

「悟り」とは、自らが仏の子であることを知るということです。教学《きょうがく》や精神統一によって心を磨き、智慧《ちえ》を得て悩みを解決すると共に、天使・菩薩《ぼさつ》の境地を目指し、より多くの人を救える力を身につけていきます。

ユートピア建設

私たち人間は、地上に理想世界を建設するという尊い使命を持って生まれてきています。社会の悪を押しとどめ、善を推し進めるために、信者はさまざまな活動に積極的に参加しています。

国内外の世界で貧困や災害、心の病で苦しんでいる人々に対しては、現地メンバーや支援団体と連携して、物心両面にわたり、あらゆる手段で手を差し伸べています。

年間約３万人の自殺者を減らすため、全国各地で街頭キャンペーンを展開しています。

公式サイト **www.withyou-hs.net**

ヘレン・ケラーを理想として活動する、ハンディキャップを持つ方とボランティアの会です。視聴覚障害者、肢体不自由な方々に仏法真理を学んでいただくための、さまざまなサポートをしています。

公式サイト **www.helen-hs.net**

入会のご案内

幸福の科学では、大川隆法総裁が説く仏法真理《ぶっぽうしんり》をもとに、「どうすれば幸福になれるのか、また、他の人を幸福にできるのか」を学び、実践しています。

入会

仏法真理を学んでみたい方へ

大川隆法総裁の教えを信じ、学ぼうとする方なら、どなたでも入会できます。入会された方には、『入会版「正心法語《しょうしんほうご》」』が授与されます。

ネット入会 入会ご希望の方はネットからも入会できます。

happy-science.jp/joinus

三帰《さんき》誓願《せいがん》

信仰をさらに深めたい方へ

仏弟子としてさらに信仰を深めたい方は、仏《ぶっ》・法《ぽう》・僧《そう》の三宝《さんぽう》への帰依を誓う「三帰誓願式」を受けることができます。三帰誓願者には、『仏説・正心法語』『祈願文《きがんもん》①』『祈願文②』『エル・カンターレへの祈り』が授与されます。

幸福の科学 サービスセンター

TEL 03-5793-1727

受付時間／
火～金：10～20時
土・日祝：10～18時
（月曜を除く）

幸福の科学 公式サイト

happy-science.jp

仏法真理塾「サクセスNo.1」

全国に本校・拠点・支部校を展開する、幸福の科学による信仰教育の機関です。小学生・中学生・高校生を対象に、信仰教育・徳育にウエイトを置きつつ、将来、社会人として活躍するための学力養成にも力を注いでいます。

TEL 03-5750-0747（東京本校）

エンゼルプランV TEL 03-5750-0757

幼少時からの心の教育を大切にして、信仰をベースにした幼児教育を行っています。

不登校児支援スクール「ネバー・マインド」 TEL 03-5750-1741

心の面からのアプローチを重視して、不登校の子供たちを支援しています。

ユー・アー・エンゼル！（あなたは天使！）運動

一般社団法人 ユー・アー・エンゼル TEL 03-6426-7797

障害児の不安や悩みに取り組み、ご両親を励まし、勇気づける、
障害児支援のボランティア運動を展開しています。

NPO活動支援

いじめから子供を守ろうネットワーク

学校からのいじめ追放を目指し、さまざまな社会提言をしています。また、各地でのシンポジウムや学校への啓発ポスター掲示等に取り組む一般財団法人「いじめから子供を守ろうネットワーク」を支援しています。

公式サイト mamoro.org ブログ blog.mamoro.org

相談窓口 TEL.03-5544-8989

百歳まで生きる会

「百歳まで生きる会」は、生涯現役人生を掲げ、友達づくり、生きがいづくりをめざしている幸福の科学のシニア信者の集まりです。

シニア・プラン21

生涯反省で人生を再生・新生し、希望に満ちた生涯現役人生を生きる仏法真理道場です。定期的に開催される研修には、年齢を問わず、多くの方が参加しています。全国153カ所、海外12カ所で開校中。

【東京校】TEL 03-6384-0778 FAX 03-6384-0779

メール senior-plan@kofuku-no-kagaku.or.jp

幸福実現党

内憂外患《ないゆうがいかん》の国難に立ち向かうべく、2009年5月に幸福実現党を立党しました。創立者である大川隆法党総裁の精神的指導のもと、宗教だけでは解決できない問題に取り組み、幸福を具体化するための力になっています。

幸福実現党 釈量子サイト **shaku-ryoko.net**
Twitter **釈量子@shakuryokoで検索**

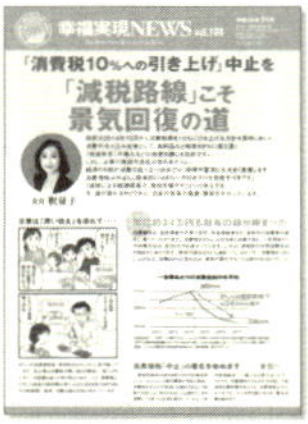

党の機関紙
「幸福実現NEWS」

幸福実現党　党員募集中

あなたも幸福を実現する政治に参画しませんか。

○ 幸福実現党の理念と綱領、政策に賛同する18歳以上の方なら、どなたでも参加いただけます。
○ 党費:正党員（年額5千円［学生 年額2千円］）、特別党員（年額10万円以上）、家族党員（年額2千円）
○ 党員資格は党費を入金された日から1年間です。
○ 正党員、特別党員の皆様には機関紙「幸福実現NEWS（党員版）」が送付されます。

＊申込書は、下記、幸福実現党公式サイトでダウンロードできます。
住所：〒107-0052　東京都港区赤坂2-10-8 6階 幸福実現党本部
TEL **03-6441-0754**　FAX **03-6441-0764**
公式サイト **hr-party.jp**　若者向け政治サイト **truthyouth.jp**

出版 メディア 芸能文化　幸福の科学グループ

幸福の科学出版

大川隆法総裁の仏法真理の書を中心に、ビジネス、自己啓発、小説など、さまざまなジャンルの書籍・雑誌を出版しています。他にも、映画事業、文学・学術発展のための振興事業、テレビ・ラジオ番組の提供など、幸福の科学文化を広げる事業を行っています。

アー・ユー・ハッピー？
are-you-happy.com

ザ・リバティ
the-liberty.com

幸福の科学出版
TEL **03-5573-7700**
公式サイト **irhpress.co.jp**

THE FACT

ザ・ファクト
マスコミが報道しない
「事実」を世界に伝える
ネット・オピニオン番組

Youtubeにて
随時好評
配信中！

ザ・ファクト　検索

NEW STAR PRODUCTION

ニュースター・プロダクション

「新時代の美」を創造する芸能プロダクションです。多くの方々に良き感化を与えられるような魅力あふれるタレントを世に送り出すべく、日々、活動しています。 公式サイト **newstarpro.co.jp**

ARI Production

ARI《アリ》 Production《プロダクション》

タレント一人ひとりの個性や魅力を引き出し、「新時代を創造するエンターテインメント」をコンセプトに、世の中に精神的価値のある作品を提供していく芸能プロダクションです。 公式サイト **aripro.co.jp**

大川隆法　講演会のご案内

大川隆法総裁の講演会が全国各地で開催されています。講演のなかでは、毎回、「世界教師」としての立場から、幸福な人生を生きるための心の教えをはじめ、世界各地で起きている宗教対立、紛争、国際政治や経済といった時事問題に対する指針など、日本と世界がさらなる繁栄の未来を実現するための道筋が示されています。

2018年12月11日 幕張メッセ「奇跡を起こす力」

2018年7月4日 さいたまスーパーアリーナ「宇宙時代の幕開け」

2017年8月2日 東京ドーム「人類の選択」

2018年10月7日 ザ・リッツカールトン ベルリン（ドイツ）「Love for the Future」

2018年11月25日 千歳市民文化センター（北海道）「繁栄を招くための考え方」

講演会には、どなたでもご参加いただけます。
最新の講演会の開催情報はこちらへ。 ⟹ 大川隆法総裁公式サイト https://ryuho-okawa.org